Margit Kohl • Jochen Müssig

Was kostet die Welt?

Die 100 exklusivsten Reisen, die man sich leisten können müsste

BRUCKMANN

Inhalt

Asien

Afrika

Amerika

Ozeanien

Was kommt noch?

Vorwort

Luxus ist immer relativ. Ein Glas sauberes, kaltes Wasser war für Paul Kerr der größte Luxus seines Lebens. Und der CEO der »Small Luxury Hotels of the World« weiß sehr genau, was für gemeinhin als Luxus empfunden wird. Er war wegen einer Passformalität 24 Stunden in einem türkischen Gefängnis festgehalten worden und nahm weder Getränke noch Essen zu sich. Für einen Milliardär hingegen ist Luxus noch nicht einmal der elfte Ferrari in der Garage.

Dieses Buch widmet sich dem besonderen Luxus, dem manchmal unfassbaren Luxus. Unser Titel »Was kostet die Welt?« spielt auf eine Redensart an und gleichzeitig darauf, was sich viele Superreiche mit Geld alles kaufen. Wir haben uns dort umgesehen, wo Stars und Prominente im Urlaub gerne lieber unter sich bleiben. Denn die großen öffentlichen Sausen, wie man sie in den Boulevardblättern früher oft besprochen fand, sind heute eher selten geworden.

Nach der aktuellen »Forbes«-Liste gehören den 1645 Milliardären dieser Welt 4,8 Billionen Euro (das sind 4800 Milliarden!). Der Mann auf Platz 254 dieser Liste zahlte für seine Freiheit und das Ende seines Prozesses kürzlich 75 Millionen Euro. Im »Emirates Palace« durfte aber auch er nicht in einer der Ruler-Suiten im achten Stock nächtigen. Nur Staatsgäste werden in diese Suiten eingeladen: Könige, Präsidenten, Premierminister, Kanzler. Also musste Bernie Ecclestone, der immerhin die Formel 1 nach Abu Dhabi brachte, mit einer der buchbaren Palace-Suiten darunter vorliebnehmen. Abgesehen davon: Vielen Reichen geht es neben Sicherheit und Abgeschiedenheit oft nur darum, zu zeigen, dass sie es sich leisten können, auch für bisweilen wenig Ausgefallenes exorbitante Summen zu zahlen. Doch manchmal ist selbst ein Glas sauberes, kaltes Wasser, einfach nur eines: unbezahlbar.

Viel Spaß mit den »100 exklusivsten Reisen, die man sich leisten können müsste« wünschen

Margit Kohl & Jochen Müssig

Weltreisen

Luxus in der Luft, zu Land und auf dem Meer: die »MS Europa« und ihr Schwesterschiff sind die besten Kreuzfahrtschiffe der Welt.

Demnächst vielleicht schon bald per Anhalter durch die Galaxis?

Space Adventures ist bislang das einzige private Unternehmen speziell für Weltraumtourismus. Es hat allen 7 bisherigen All-Touristen einen Flug vermittelt. Nächster Plan: dem Mond bis auf 100 km nahekommen: 9 Tage, 111 Mio. €. www.spaceadventures.com

Damit sich bald mehr Menschen eine Weltraum reise leisten können, arbeiten verschiedene Firme an **Pauschalreisen**. Höhe über der Erde: etwa 110 km, Flugdauer: 2,5 h, Kosten: ca. 200 000 €.

Info www.virgingalactic.com

Ausflug ins All
Die Welt ist nie genug 01

Zumindest einigen Zeitgenossen reicht es schon lange nicht mehr, nur die Erde zu bereisen. Als Weltraumtouristen waren seit 2001 bislang schon sieben Menschen im All. Sie werden nicht die Einzigen bleiben, denn auch an wesentlich preisgünstigeren Pauschalreisen wird bereits gearbeitet.

Im dunklen Weltall leuchtet die Erdkugel in allen Blautönen – wie eine schimmernde Murmel. Dieses Bild versetzte spätestens seit 1969 die Menschen in kollektives Staunen, als den ersten Astronauten vom Mond aus spektakuläre Aufnahmen unseres Planeten gelangen. Was damals ein kleiner Schritt für Neil Armstrong und ein großer für die Menschheit war, sollte schon bald immer mehr Leute nicht nur zu Forschungszwecken ins All locken. Doch um Touristen auf so eine Reise vorzubereiten, brauchte es viel Zeit und ebenso viel Geld. Und da ausgefallene Ideen an Letzterem selten gescheitert sind, soll der erste Weltraumtourist, der Amerikaner Dennis Tito, 2001 dann mehr als 15 Millionen Euro an die russische Raumfahrtbehörde für seinen Flug zur Internationalen Raumstation (ISS) überwiesen haben, um in etwa 416 Kilometern Höhe die Erde zu umkreisen.

Uneingeschränkter Marktführer für solch touristische Reisen ins All ist Space Adventures, das bislang alle sieben Weltraumtouristen vermittelt hat. Die eigentlichen Flüge wurden dann von der russischen Raumfahrtagentur an Bord von Sojus-Raumschiffen durchgeführt. Doch so preiswert wie zu Zeiten von Dennis Tito klappt ein Ausflug ins All heute nicht mehr. Für 111 Millionen Euro pro Person soll man ab 2017 den Mond umkreisen können. Der böse Wunsch, man möge am liebsten jemanden zum Mond schießen, könnte also bald realisierbar sein.

In Zahlen

Touristen im All: Dennis Tito (USA) 28.04.2001 • Mark Shuttleworth (ZA) 25.04.2002 • Gregory Olsen (USA) 01.10.2005 • Anousheh Ansari (USA, IR) 18.09.2006 • Charles Simonyi (USA, HU) 07.04.2007 und 26.03.2009 • Richard Garriott (USA, GB) 12.10.2008 • Guy Laliberté (CA) 30.09.2009.

02 Im Privatjet
Einmal im Leben

Während einer Weltumrundung kann man die Erde in all ihren Facetten wie im Zeitraffer erleben: Von den schwarzen Sandstränden auf Hawaii geht es in die trubeligen Straßen von Mumbai zum Liebesmonument Taj Mahal, auf dem Rücken eines Elefanten durch Thailand und zum Candle-Light-Dinner unter einem Akazienbaum in die Serengeti.

»Einmal um die ganze Welt und die Taschen voller Geld«, davon träumte sicher nicht nur Schlagersänger Karel Gott als kleines Kind. Viele tragen solche Träume ein Leben lang mit sich herum. Fehlt zu Studienzeiten für eine Weltreise noch das nötige Geld, mangelt es später im Job an ausreichend Zeit, um sich so einen Wunsch zu erfüllen. Nun ja, in New York und in Peking war man dann doch irgendwann einmal geschäftlich und auf den Malediven vielleicht ein andermal im Urlaub. Doch selbst wenn man all seine Reiseorte auf der Welt zusammenzählt, bringt man es meist noch lange nicht auf eine Weltumrundung. Und spätestens dann, wenn man ausreichend Zeit und Geld zur Verfügung hätte, scheut man allzu unbequeme Langstreckenflüge, ewige Wartezeiten, endlose Reisetage und Hotelenttäuschungen. Die Luxushotelgruppe »Four Seasons« nahm die Tatsache, dass sie weltweit über erlesene Hotels verfügt, zum Anlass, eine Weltumrundung mit dem Privatjet zusammenzustellen. An Bord einer Boeing 757 gibt es 52 Flachbett-Sitze aus Leder und wie im Hotel steht auch über den Wolken ein Concierge zur Verfügung. Je nach Routing kann man so bequem acht oder neun Länder in 24 Tagen besuchen. Kümmern muss man sich dabei um gar nichts. Ein festes Zeitkorsett gibt es allenfalls für den Flugplan. Doch selbst den kann man noch nach seinen Wünschen verändern – vorausgesetzt, man mietet gleich den ganzen Flieger.

In Zahlen

Reisedauer: 24 Tage • Reisepreis im All-inclusive-Paket: 88 000 € pro Person im DZ • Extra: Will man das Reiseerlebnis mit niemand Fremdem teilen, kostet die Weltreise mit Komplettmiete aller Jet-Sitze 3 533 000 € • Fluggerät: Boeing 757 mit 52 Flachbettsitzen aus Leder.

Im Privatjet von »Four Seasons« geht es auch zu Thailands Tempeln.

Must-do Man kann aus einer Vielzahl an
ɩusflügen und Aktivitäten wählen. Hierfür ste-
ɩen Lektoren und ein Fotograf zur Verfügung.
ɩelbstverständlich kann man auch einfach gar
ɩichts tun und die schöne Aussicht genießen.
ɩww.fourseasons.com/aroundtheworld

Info Seit 2012 werden jeweils variierende Weltreiserouten angeboten: z. B. Los Angeles, Hawaii, Bora Bora, Sydney, Bali, Chiang Mai, Taj Mahal und Mumbai, Istanbul. Oder: Seattle, Tokio, Peking, Malediven, Serengeti, Istanbul, St. Petersburg, Marrakesch, New York.

Wohlfühlen bei jedem Wetter: vom Open-Air-Pool-Deck ins Spa

Must-do Groß rauskommen an den Galaabenden in Smoking und Abendkleid.

Anreise Direktflug nach Miami ca. 11,5 h, zurück von Dubai ca. 6 h. Exklusivste Reisemöglichkeit: die Penthouse Grand Suite direkt über der Brücke mit herrlichem Panoramablick, getrenntem Wohn- und Schlafbereich, begehbarem Kle derschrank, Bad mit Fußbodenheizung, eigene Sauna, kostenloser Minibar, Notebook, Tablet, kostenlosem Wäscheservice, Limousinen-Trans fer vom und zum Airport für Flugmitbucher.

Info www.hl-kreuzfahrten.de

Mit dem Schiff

Die schönste Jacht

03

Handshake mit dem Kapitän und opulenter Galaabend gehören bei der »MS Europa« von jeher dazu. Legt man doch bei diesem mehrfach ausgezeichneten 5-Sterne-Kreuzfahrtklassiker besonderen Wert auf traditionellen Luxus im kleinen Kreis von maximal 400 Gästen, um die sich eine deutschsprachige Crew während der Weltreise kümmert.

Überwintern in gleich mehreren Gegenden der Welt – und das, ohne dass man dafür erneut in den Flieger steigen müsste? An Bord der »MS Europa« kommen einem die verschiedenen Destinationen quasi direkt vor die Veranda gefahren. Weshalb im Schnitt jeweils 50 bis 60 Gäste die komplette Weltreise mitfahren. Die meisten davon, um dem Winter zuhause zu entfliehen. Die »MS Europa« gilt schon lange als die schönste Jacht der Welt. Seit 2001 zeichnet der »Berlitz Cruise Guide« Jahr für Jahr die allerhöchsten Standards des Schiffes in Ausstattung, Service, Gastronomie und Entertainment mit dem Prädikat »5 Sterne plus« aus. Sternewürdig ist auch die Küche, denn an 70 Tagen im Jahr bekocht Dieter Müller die Passagiere persönlich. 141 Tage dauert die Weltreise, jedes Jahr auf einer neuen Route, zum Beispiel von Miami bis nach Dubai. 103 Häfen in 47 Ländern läuft die »MS Europa« in dieser Zeit an. Man passiert den Panamakanal, um in Südamerika den Spuren der Inkas zu folgen, erfährt von alten Legenden auf der Osterinsel, bevor man durch die Lagunen der Südsee kreuzt. Weihnachten und Silvester feiert man in Neuseeland, entdeckt danach die Salomon-Inseln, die Vielfalt Südostasiens und erlebt milde Frühlingstage an der Küste des Morgenlandes. Und durch eine Reiseverlängerung lässt sich die Weltreise zur Umrundung komplettieren. Wer so seinen Horizont erweitert, wird auch an sich selbst bald neue Seiten entdecken.

In Zahlen

Passagiere: max. 400 • Penthouse Grand Suite, 85 m², 254 481 € pro Person • 141-tägige Weltreise, 103 Häfen, 47 Länder • 13 Tage Karibik, 14 Südamerika, 14 Pazifik, 16 Südsee, 16 Neuseeland, 20 Indischer Ozean, 48 Asien • Inkl. Extras: Ausflugsguthaben 5000 €, 24-Stunden-Butlerservice, An- und Abreise.

04 Sieben neue Weltwunder
Der neue Kanon

Bereits in der Antike gab es die sieben Weltwunder. Genau sieben, weil diese Zahl als absolut vollkommen galt. Bis auf die Pyramiden von Gizeh sind die meisten Bauwerke heute weitgehend zerstört. Seit Langem versucht man daher, einen neuen Kanon an Weltwundern zu etablieren.

Mitte der 2000er-Jahre rief die private Schweizer Stiftung »New Open World« zur Wahl der sogenannten »Neuen sieben Weltwunder« (New7Wonders) auf. Ziel war es, Menschen aus aller Welt durch ihr gemeinsames kulturelles Erbe zu verbinden. Kritische Reaktionen lösten die Wahlbedingungen aus, denn die Stimmabgabe war nur online oder telefonisch möglich und konnte sogar mehrfach erfolgen. Weil die auf solche Weise zustande gekommene Liste weder wissenschaftlichen Kriterien noch dem Erhalt oder der Erforschung der ausgewählten Bauwerke diente, distanzierte sich die UNESCO davon, die selbst eine Welterbeliste führt. Die »Neuen sieben Weltwunder« fanden besonders in Asien und der Dritten Welt Zustimmung, weil sie sich – anders als die antiken Weltwunder – nicht nur im Mittelmeerraum und in Vorderasien befinden. Umso besser eignen sich die »neuen Sieben« für eine kleine Weltreise. Auf einer 22-tägigen Privatreise bringt der Erlebnisreiseveranstalter Diamir Kulturinteressierte vom Kolosseum in Rom zur jordanischen Felsenstadt Petra, zum Taj Mahal und zur Chinesischen Mauer, zur Christusstatue in Rio de Janeiro und zu den prachtvollen Kultstätten der Maya und Inka in Peru und Mexiko. Und ganz egal, ob man nun an Wunder glaubt: Unvergessliche Eindrücke von faszinierenden Bauwerken der Menschheitsgeschichte sind einem bei dieser Reise auf jeden Fall sicher.

In Zahlen

Kolosseum Rom: Platz für 50 000 Zuschauer • Petra, Felsenschlucht: 1,5 km lang, 70 m tief • Taj Mahal: 28 Arten Edel- und Halbedelsteine • Chinesische Mauer: mehr als 21 000 km lang • Rio, Christusstatue: 1145 Tonnen • Machu Picchu: 3000 Stufen • Chichén Itzá: 2010 von Privat an die Regierung verkauft für 13 Mio. €

Spektakulärer Einblick: die Felsenschlucht von Petra

Must-do Petra (Jordanien): zur Schlucht mit dem Pferd reiten. Taj Mahal (Indien): Afternoon Tea im »Oberoi« mit Blick aufs Liebesmonument. Rio (Brasilien): Heli-Rundflug um die Christusstatue. Machu Picchu (Peru): Besteigung des Huayna Picchu (2701 m) mit Blick auf die Anlage.

Anreise Flug nach Rom 1,5 h, zurück von Cancún 15 h. Die 22-tägige Reise kostet mit Unterkunft in 5-Sterne-Hotels und fachkundiger Führung ohne Flug 6220 € pro Person.

Info www.diamir.de

Must-do auf der Weltkulturerbereise: Einen Tonkrug an der vermuteten Wiege der Menschheit in Ban Chiang, Thailand, kaufen. Den schönsten Busen der Natur, die Piton-Berge auf St. Lucia bewundern. 275 Stufen in der Freiheitsstatue gehen. Den Ayers Rock umrunden, aber nicht besteigen. Ein Bellini in »Harry's Bar« in Venedig

Reine Flugzeit etwa 350 Flugstunden plus 350 h Warte- und Transferzeiten.

Info Übernachtet wird in Luxushotels, Business-Class-Flüge. www.veryfirstto.com

Zwei der bekanntesten UNESCO Stätten: Taj Mahal und Pyramiden

Weltkulturerbestätten 05
Die Zwei-Jahres-Tour

Weit mehr als tausend von der UNESCO ausgezeichnete Weltkulturerbestätten gibt es auf der Erde. Und fast jedes Jahr kommen neue dazu. Sie sind verteilt auf 161 Länder, manche auch länderübergreifend. Eine Mammutaufgabe, sie alle zu besuchen, aber machbar: zumindest wenn man zwei Jahre Zeit und 1 234 594,55 Euro zur Verfügung hat.

Von Angkor Wat in Kambodscha über die Pyramiden in Ägypten und das Taj Mahal in Indien bis zu den Ruinen von Paphos auf Zypern. Vom Ayers Rock in Australien über den Mount Everest in Nepal und den Grand Canyon in den USA bis zum Sangha Trinational Park in der Zentralafrikanischen Republik: Die Vielfalt der Welterbestätten ist unglaublich. Gut 800 Kulturdenkmäler und mehr als 200 Naturschutzgebiete stehen auf der UNESCO Liste. Es muss eine phantastische Reise sein, sie alle einmal im Leben zu sehen. Kategorie: »never done before« – nie zuvor gemacht. »Es ist die mit Abstand außergewöhnlichste Reise, die wir je geplant haben«, sagt Geschäftsführer Andrew Barker vom Veranstalter. Für den Trip liegen bereits eine Buchung sowie 15 konkrete Anfragen vor. Die Zwei-Jahres-Tour führt zu 962 Weltkulturerbestätten und beinhaltet natürlich sämtliche berühmte Orte, aber auch unbekannte Plätze wie das Uvs-Nuur-Becken in der Mongolei oder der Nationalpark Tsingy de Bemaraha auf Madagaskar. Nicht besucht werden unsichere Orte, etwa weil sie derzeit in einem Kriegsgebiet liegen, oder Plätze, an denen streng genommen nichts zu sehen ist, weil sie eher symbolisch von der UNESCO aufgelistet werden, etwa das Atombombentestgebiet im Bikini-Atoll.

Genächtigt wird in den besten verfügbaren Hotels. Ihre Namen lesen sich wie das ABC der Luxushotellerie.

In Zahlen

Weltreise zu 962 Welterbestätten • 1 234 594,55 € für 2 Jahre und 2 Pers. inkl. 730 Luxushotelübernachtungen in Suiten in rund 150 Ländern und insgesamt ungefähr 29 Tage im Flugzeug, am Flughafen oder beim Transfer • Kosten pro Tag: 1691,23 € • Extra: 6250 € werden pro Buchung an die UNESCO gespendet.

06 Filmdrehorte
Stöhnen wie Meg Ryan

Die einen reisen von San Francisco nach Rom, echte Filmfans aber lieber vom harten Alcatraz zum »Dolce Vita« an den Trevi-Brunnen. In zehn Ländern werden 20 Schauplätze von Filmklassikern besucht und damit auch mehr als 50 Jahre Filmgeschichte gestreift. Drei Monate Zeit und knapp 250 000 Euro sind dafür nötig …

Im New Yorker Restaurant »Katz's Deli« in der 205 E Houston Street bestellen zwei Leute ein Pastrami-Sandwich. Sie wollen den Ort sehen, an dem der »berühmteste Orgasmus der Welt« gespielt wurde. 1989 war's, als Meg Ryan stöhnte, als wäre es echt. Ihr Fake-Orgasmus in der Komödie »Harry und Sally« ging in die Kinogeschichte ein. 20 solcher Drehorte stehen bei dieser Filmlocation-Weltreise auf dem Programm. In New York wird natürlich Tiffany angepeilt, wo es 1961 zum legendären »Frühstück bei Tiffany« mit Audrey Hepburn kam. Weitere Drehorte in Amerika sind die United Methodist Church von La Verne (»Die Reifeprüfung« mit Dustin Hoffman), das legendäre Gefängnis in San Francisco (»Flucht von Alcatraz« mit Clint Eastwood) und Machu Picchu in Peru (»Die Reise des jungen Che«). Australien bietet »Matrix« und »Priscilla – Königin der Wüste«. In Asien werden China, für »Der letzte Kaiser« in der Verbotenen Stadt von Peking angeflogen sowie »Tiger and Dragon« in Wudang, in Japan dann Tokio für »Lost in Translation« und der Kaiserpalast von Kyoto für »Der letzte Samurai«. Es folgen Thailands Ko Phi Phi für »The Beach« und Jordanien, wo »Lawrence von Arabien« und »Indiana Jones und der letzte Kreuzzug« gedreht wurden. Europa ist mit vier Ländern dabei: Italien mit »The Italian Job« und »Das süße Leben«, Frankreich mit »Amélie« und »Der letzte Tango in Paris«, England mit »Notting Hill« sowie Schottland mit »Braveheart«.

In Zahlen

Weltreise zu Filmlocations, 247 706 € für 3 Monate und für 2 Pers., inkl. Business-Class-Flüge • 10 x die Uhr umstellen • 4 x den Äquator überfliegen • 1 x die Datumsgrenze passieren • 20 Drehorte mit Privatführer • Kosten pro Drehort: 12 385,30 € • Extra: 1250 € werden pro Buchung gespendet.

:in Blick für die Ewigkeit: Audrey
lepburn in »Frühstück bei Tiffany«

Aust-do auf der Film-Weltreise: Die Hand im
evi-Brunnen baden, als Hommage an Anita
kberg. Schwimmen wie Leonardo di Caprio am
eh-Strand von Ko Phi Phi. Auf Meg Ryans Orgas-
ius-Platz sitzen. In der Bar des »Park Hyatt« in
okio einen Whisky auf Scarlett Johansson trinken.

Reine Flugzeit Gut 53 h für mehr als
42 000 km. Gut 30 h Warte- und Transferzeiten.

Info Übernachtung in Suiten von Luxushotels,
die z.T. selbst ehem. Drehorte waren.
www.veryfirstto.com

Must-do auf der Foto-Weltreise: Schnorcheln, tauchen und auch einmal über das Great Barrier Reef fliegen. Eine Runde auf dem gläsernen Grand Canyon Skywalk drehen. Mit Rochen in Bora Bora schwimmen. Tanaka-Paste fürs Gesicht in Myanmar kaufen. Rodízio in Rio essen.

Reine Flugzeit 49 h für mehr als 40 00 km. Knapp 30 h Warte- und Transferzeiten.

Info Übernachtet wird in Luxushotel-Suiten geflogen wird Business-Class, inkl. Transfers un Kameras. www.veryfirstto.com

Göttliche Plätze: der Corcovado-Christu und die Reisterrassen auf Ba

Fotostopps
Momentaufnahmen 07

Die schönsten Plätze der Welt und Bilder, die jeder kennt: vom Mount Everest zum Grand Canyon, von Balis Reisterrassen bis zu Rios Zuckerhut. Verpackt in eine Weltreise zu zehn Zielen in zehn Ländern außerhalb Europas. Eine Fotokamera muss man dabei gar nicht mitnehmen. Vier unterschiedliche Hightech-Kameras sind inklusive.

Was würde man wohl einem Marsmännchen von der Erde zeigen, wenn es gerade gelandet ist und nach den zehn schönsten Plätzen fragen würde? Sicher hätte jeder eigene Favoriten, der ein oder andere Platz wäre aber immer wieder dabei. Zum Beispiel der Mount Everest mit seinen 8848 Metern, das Great Barrier Reef oder Rio de Janeiro mit dem Christus auf dem Corcovado, wie er zum Zuckerhut blickt.

Der englische Reiseveranstalter VeryFirstTo. hat eine Weltreise außerhalb Europas zusammengestellt und bietet für seine zehn besten Fotostopps, nach Rankings in »Forbes«, »Lonely Planet« und anderen ausgewählt, auch gleich vier unterschiedliche Top-Kameras an. Zu den Weltmotiven gehören die Reisterrassen von Bali, die Lagune von Bora Bora, die Ha Long Bay in Vietnam, der Grand Canyon in den USA, Petra in Jordanien, die Torres del Paine in Patagonien und die Tempel von Bagan in Myanmar. Festhalten kann man die einmaligen Momente etwa mit der Fuji X-T1, der schnellsten Kamera der Welt. Sie reagiert nur 0,005 Sekunden nach dem Auslösen. Oder mit der X-P70, wasserfest und ideal zum Abtauchen am Riff oder in der Lagune und einsetzbar im Himalaya bei Minusgraden. Diesbezüglich hat das Marsmännchen vielleicht eine noch bessere Technik mitgebracht … Nur schade, dass es bei dieser Reise von Europa nichts mitbekommt: Venedig oder Paris hätten ihm sicher auch gefallen.

In Zahlen

Welttour zu den 10 besten Reisefotomotiven • 87 360 € für 30 Tage und für 2 Pers. • inkl. 4 Top-Kameras von Fuji, die behalten werden können: X-T1 für 1750 €, Autofokus-Geschwindigkeit der X-Q1: 0,06 sec. Plus: X-P70 und X-100s • Preis pro Fotostopp: 8736 € • Extra: 1250 € werden pro Buchung gespendet.

08 Drei-Sterne-Restaurants
105-mal schlemmen

Für Gourmets und Gourmands schlägt die große Stunde: bei einer Reise zu allen Drei-Sterne-Restaurants dieses Planeten. Die besten Küchen der Welt auf einem Trip und in sechs Monaten: Alle kulinarischen Genusstempel werden besucht, ob nun in Frankreich oder Italien, Japan, China oder auch Deutschland. Bon appétit!

Die höchste Bewertung, die ein Restaurant weltweit bekommen kann, sind die drei rot und fein gezeichneten Sterne im Guide Michelin. Man kann sie weder kaufen noch sich ihnen verweigern. Sie werden ungefragt vergeben, nach anonymen Testbesuchen, versteht sich. In Frankreich nahm sich ein Koch das Leben, weil er einen Stern verloren hatte. In Deutschland ging in der Provinz einer bankrott, weil wegen des Sternes keine Kundschaft mehr kam. Wer sechs Monate Zeit und 228 800 Euro mitbringt, kann die Reise durch zwölf Länder buchen und in den 105 Restaurants tafeln, die derzeit mit drei Sternen geadelt sind. 22 der Drei-Sterne-Tempel liegen in den Welthauptstädten der Kulinarik, in Tokio (13) und Paris (9). Besucht werden aber auch Heston Blumenthals »The Fat Duck« in England, bekannt für seine experimentelle Küche, oder ein Klassiker der Nouvelle Cuisine, die lebende Legende Alain Ducasse in Monaco. Die Schlemmer speisen im »Per Se« von New York und probieren Juan Mari Arzaks Molekular-Küche im Baskenland. Harald Wohlfahrts »Schwarzwaldstube« steht auf dem Programm, ebenso wie das »Lung King Heen« in Hongkong. Alle Restaurantbesuche müssen zusätzlich beglichen werden, da die individuellen Wünsche nicht pauschal berechnet werden können. Fast jeden Tag wird einmal auf Drei-Sterne-Niveau gegessen, wobei stets auch immer Zeit bleibt, die Heimat der Restaurants zu erkunden.

In Zahlen

Weltreise zu 105 Restaurants mit 3 Sternen • 228 800 € für 6 Monate und für 2 Pers. • plus durchschnittl. 300 € pro Restaurantbesuch • inkl. 1 Flasche Wein = zusätzlich mind. gut 30 000 € • Extra in »The Fat Duck«: 1 Flasche Champagner 1995er Krug Blanc de Noirs Clos d'Ambonnay, 5784 €.

Konservativ und abgehoben: »La Pergola« und Arzaks Molekular-Küche

lust-do Menu Grande Tradition Classique n Paul Bocuse in der »Auberge du Pont de ollonges« bei Lyon. Langustine mit Seegras von ené Redzepi im »Noma« in Kopenhagen (gilt als . 1 weltweit). Mönchsfisch im Kartoffelglas von avid Muñoz im »Diver Xo« in Madrid. Auf der Terrasse bei Heinz Beck im »La Pergola« von Rom speisen. Degustationsmenü (8 Gänge) von Claus-Peter Lumpp im »Bareiss« im Schwarzwald.

Info Übernachtet wird in Suiten von Luxushotels, geflogen in Business-Class. www.veryfirstto.com

Must-do auf der Weltreise: Burj Khalifa in Dubai, 828 m hoch, mit Außen-Aussichtsterrasse auf 452 m. Big Ben in London, am besten um 12 h. Shopping auf der Orchard Road in Singapur. Dry Aged Beef bei Wolfgang Zwiener in New York essen. 1 Nacht in den Casinos von Las Vegas.

Info 12 Top-Locations, darunter je 2 in London, New York und Las Vegas, für Weine, Champagner und Cocktails werden angesteuert, übernachtet wird in Luxushotels, geflogen in Business-Class. www.holidaysplease.co.uk/new-drinking-holiday

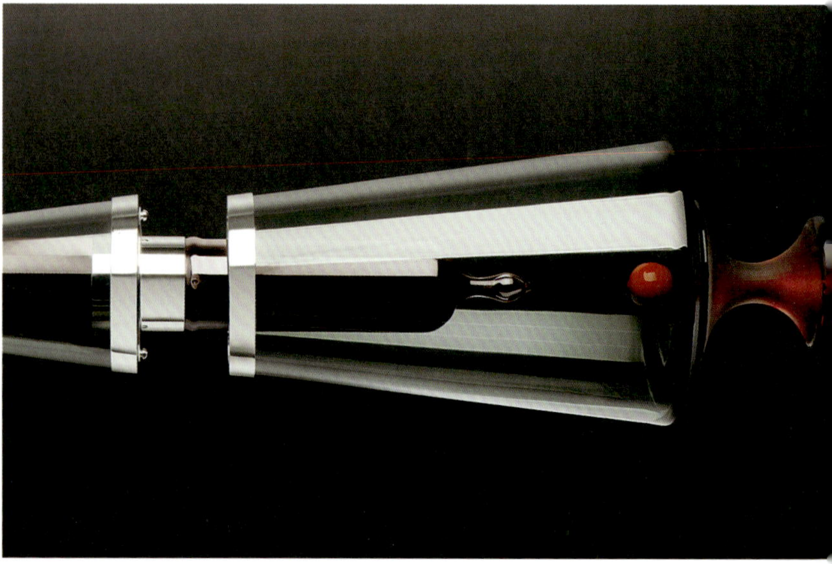

Zu den teuersten Drinks
Nur nicht verschlucken 09

Was Feinschmecker können, bleibt den Freunden der feinsten Tropfen und exklusivsten Spirituosen auf dieser Erde ebenfalls nicht verschlossen. Nämlich um die Welt zu düsen und an zwölf Top-Locations das Beste vom Besten und das Teuerste vom Teuersten zu verkosten. Dazu braucht der trinkfeste Genießer eine Million Euro …

»The World's most exclusive Drink Connoisseur's Holiday« heißt diese sehr ungewöhnliche Weltreise, bei der die teuersten Weine, Champagner und Cocktails rund 20 000 Euro kosten – pro Glas! Viele, aber nicht alle Drinks sind im Grundpreis von 920 000 Euro für zwei Personen enthalten.

Los geht's in London, wo gleich ein erstes Cocktail-Highlight kredenzt wird. In der »Salvatore's Bar« im berühmten »Playboy-Club« gibt es den Salvatore Legacy Cocktail im Wert von gut 14 000 Euro. Das ist angesichts der edlen Ingredienzen kein Wunder, da auch ein seltener französischer Cognac aus dem Jahr 1788 verwendet wird. Die Fans von edlen Champagnern und Weinen kommen auch auf ihre Kosten: Im »Billionaire's Club« von Ex-Formel-1-Impressario Flavio Briatore in Monaco wird Champagner der Sorte Armand de Brignac kredenzt. Eine Flasche kostet mehr als 400 000 Euro. Und Weintrinker dürfen sich auf eine Ampulle mit dem sehr seltenen 2004er Kalimna Block 42 Cabernet Sauvignon im Wert von 134 000 Euro freuen. Nur zwölf Exemplare gibt es weltweit; kredenzt wird sie in Dubai. Getoppt wird diese Luxusauslese von einem »Martini on the Rock«, der in New York mit einem echten Diamanten im Glas serviert wird. Wert: 14 700 Euro. Zum Finale geht es nach Melbourne, wo es den teuersten Cocktail der Welt gibt: The Winston kostet 20 000 Euro, da ein Croizet Cognac von 1858 die Basis ist. Eine Flasche kommt auf satte 120 000 Euro.

In Zahlen

Weltreise in 9 Städte • 920 000 € für 40 Tage und für 2 Pers. inkl. dem teuersten Bier der Welt in England, Single Malt Whisky in Schottland • Riesling von Egon Müller in Deutschland: 3600 € pro Flasche • Kosten pro Tag: 23 000 € • Extra: 1 Flasche Champagner Armand de Brignac, 400 000 €.

10 Modemetropolen
Fashy, trendy, supi

In Zahlen

Weltreise in 12 Modemetropolen • 97 900 € für 1 Monat und 2 Pers. • inkl. Business-Class-Flüge, Übernachtungen in Luxushotel-Suiten, 2 E-Bikes von A2B im Wert von je 3500 € • Einkäufe nicht inkl. • Extra: 1250 € werden pro Buchung gespendet. www.veryfirstto.com

Mode ist Catwalk, sind Luxusboutiquen und Städte wie Paris und Mailand, Berlin und Barcelona. Fashion ist Trend und Lifestyle, sind teure Stücke mit Wow-Effekt, zuweilen aber auch Fummel, die aussehen, als ob sie in die Altkleidersammlung gehören. Mode ist schlicht und einfach Geschmackssache. Für »Aficionados« kommt daher eine Weltreise gerade recht, die auf einem Luxustrip zu den »Top 12« der Modemetropolen der Welt entführt. Neben den genannten wichtigsten Vier stehen noch London, Amsterdam, Rom, Istanbul, New York, Los Angeles, Tokio und Sydney auf dem Programm. Da die besten Adressen stets in Innenstadtlagen zu finden sind, fahren die Gäste von ihren Luxushotels per Elektrobike bis vor die Boutiquetüren. Très chic: Das Elektrobike geht nach der Reise in den Besitz des Gastes über.

Von Boutique zu Boutique: feine Schönheit beim Shoppen in Berlin

Casinos
Faites vos jeux!

11

Spielbanken sind faszinierend, ob »oldstyle« wie in Monaco und Baden-Baden oder »newstyle« wie in Las Vegas oder Macao. »Der glamouröseste Wetteinsatz auf der Erde« heißt eine Weltreise, die zu den zwölf bekanntesten Casinos in acht Städten führt. Dieser dekadente Spiel- und Reisemonat kommt für zwei Personen auf 120 670 Euro, inklusive täglich 125 Euro Spieleinsatz. Für »High Roller« – im Casino-Slang auch »Wal« genannt –, die besonders in den »Chambres séparées« von Las Vegas und Macao ihre Spielchen treiben, ist so eine Summe allerdings »Peanuts«. Dort werden Einsätze bis zu 400 000 Euro pro Spiel getätigt! Zu den Highlights der Zockerreise zählen die Casinos des »Caesars Palace« in Las Vegas, des »Atlantis« auf den Bahamas, »The Venetian« in Macao sowie Monte Carlo, Baden-Baden und Atlantic City.

In Zahlen

Weltreisen zu 12 Top-Casinos in 8 Städten • 120 670 € für 1 Monat und 2 Pers., inkl. Business-Class-Flüge, Übernachtungen in Suiten von Luxushotels • tägl. 125 € Spieleinsatz • Extra: 600 € werden pro Buchung gespendet.
www.veryfirstto.com

on Casino zu Casino: protziger ockerpalast in Las Vegas

828 und 442 Meter:
Dubai und Chicago

Must-do auf der Weltreise: In Tokio morgens sehr früh aufstehen und den Fischmarkt besuchen. Auf dem Bund von Shanghai einen Spaziergang machen. In Chicago die Hochhäuser der 1920er-Jahre bewundern. Einen Drink im »Armani«-Hotel im Burj Khalifa in Dubai nehmen. Eine Nacht in Las Vegas verbringen: in den Casinos, Shows und auf dem Strip.

Info Übernachtet wird in Luxushotels wie »The Savoy« London, »The Peninsula« Chicago oder »Fairmont« Shanghai, geflogen wird in der Business-Class. www.tischler-reisen.de

Zu den höchsten Türmen 12
Hoch hinaus

Der Blick von oben hat die Menschen von jeher fasziniert, manchmal haben sie ihn sogar verklärt. Man denke nur an den Turmbau zu Babel, als sich die Menschheit dem Himmel und damit Gott nähern wollte. Dieser Luxustrip führt zu einigen der höchsten und markantesten Türme der Erde und damit auch nach Dubai zum Burj Khalifa.

Gerade mal 90 Meter hoch soll er gewesen sein, der Turm zu Babel. Rund 3000 Jahre später kratzt der Burj Khalifa in Dubai an der Ein-Kilometer-Marke, und 2013 begann der Bau des Kingdom Tower (oder Burj Al-Mamlaka) in Dschidda. Seine geplante Höhe: 1007 Meter. Bei dieser Luxusreise geht es aber nicht nur um die Superlative, sondern, so ihr Name, um »Metropolen mit besten Aussichten«. Denn gerade in Riesenstädten den Überblick zu bekommen, ist manchmal nicht ganz einfach. Da schaffen Aussichtsplattformen Abhilfe – sofern man schwindelfrei ist. Los geht's in London. The Shard war nur von Juli bis Oktober 2012 das höchste Gebäude in Europa. Der Name bedeutet Scherbe und es ähnelt einem Glassplitter, bestehend aus 11 000 Scheiben. Beim Stratosphere Tower in Las Vegas nahm man das Motto »hoch hinaus« wörtlich: Drei Fahrattraktionen bietet die 112. Etage. Starke Nerven beweisen jene, die sich im Insanity-Karussell 20 Meter außerhalb des Gebäudes herumwirbeln lassen oder die im X-Scream neun Meter neben der Fassade in der Luft hängen. Und die Mutigsten wagen den Sky Jump aus 280 Metern Höhe. Deutlich höher sind die Türme von Tokio, Shanghai und Chicago. Die Spitzenposition gehört dem Burj Khalifa in Dubai. 828 Meter misst der höchste Wolkenkratzer der Welt. Der Aufzug bewältigt zehn Meter pro Sekunde und auf 452 Metern gibt's Open-Air-Höhenluft – ganz ohne Wüstenstaub.

In Zahlen

Weltreise zu den höchsten Türmen: 13 500 € für 31 Tage pro Pers. • Burj Khalifa 828 m • Sky Tree in Tokio 634 m • World Financial Center in Shanghai 492 m • Willis Tower in Chicago 442 m • Stratosphere Tower in Las Vegas 350 m • Sky Tower in Auckland 328 m • The Shard in London 306 m • Extra: 3500 € Zuschlag für First-Class-Flüge.

13 Arktis, Nordostpassage
Entdecker gesucht

In Bezug auf Planung und Nautik ist sie mit Sicherheit eine der anspruchsvollsten Expeditionskreuzfahrten, die heutzutage weltweit durchgeführt werden. Als erstes, nicht-russisches Kreuzfahrtschiff begibt sich die »MS Hanseatic« auf Entdeckungskurs durch die legendäre Nordostpassage im Nordpolarmeer. Die »MS Bremen« wird folgen.

Schon im 16. Jahrhundert hatten Seeleute versucht, einen kürzeren und sicheren Handelsweg im Nordpolarmeer entlang der Nordküsten Europas in Richtung China zu finden, scheiterten aber immer wieder im Packeis. Die Route um Sibirien herum verkürzt den Seeweg zwischen Nordeuropa und Nordostasien um 30 Prozent gegenüber der südlichen Route durch den Suezkanal und Gibraltar. Dies ist vor allem für die Frachtschifffahrt interessant, denn das senkt die Treibstoff- und Tageskosten pro Fahrt um fast ein Drittel und vermeidet die Bedrohung durch Piraten am Horn von Afrika und in der Straße von Malakka. Dem Schweden Adolf Erik Nordenskiöld gelang es 1878/79 erstmals, die legendäre Route zu befahren, jedoch musste er im Eis überwintern. Auch wenn das arktische Eis heute wegen des Klimawandels zunehmend schmilzt, sind die Wetterverhältnisse in der Passage immer noch so extrem, dass nur schwere Eisbrecher sie ganzjährig befahren können. Vollständig eisfrei ist die Route nur während etwa eines Monats im Jahr, weshalb die Kreuzfahrtsaison auf Juli bis November beschränkt bleibt. In dieser Zeit können Passagiere Teil der Seefahrergeschichte werden und spektakuläre Landschaften erleben, die einst russische Sperrgebiete waren und außer Forschern und Entdeckern kaum jemand gesehen hat. Im Gegensatz zu früher ist es ein zwar immer noch wetterabhängiges, aber höchst komfortables Fünf-Sterne-Abenteuer.

In Zahlen

Nordostpassage: 6500 km • 28-tägige Expeditionsreise von Nome nach Bodø: in der 44 m² Bridge-Deck-Suite inkl. Butlerservice und Flügen 50 630 € pro Person • Passagiere: max. 175 • Höchste Eisklasse (E 4) für Passagierschiffe • Extra: 4-tg. Verlängerung von Bodø nach Hamburg für 2620 € erspart den Rückflug.

Die Kreuzfahrer und der Eisbär:
Wer schaut hier eigentlich wen an?

Must-do perfekte Kugelsteine mit bis zu 3 m Durchmesser auf der Champ-Insel entdecken.

Anreise Flug nach Vancouver (10,5 h), Sonderflug nach Nome (Alaska). Mit dem Schiff zur Tschuktschen-Halbinsel (Russland) in Richtung Wrangelinsel, die wegen ihres Reichtums an Eisbären, Robben, Walrossen und Walen zum Weltnaturerbe gehört. Weiter in die Ostsibirische See und Laptewsee, nach Franz-Josef-Land und in die Barentssee bis nach Murmansk. Für Landgänge Parka- und Gummistiefel-Verleih.

Info www.hl-kreuzfahrten.de

Rotjacken treffen Frackträger: Begegnung in der Antarktis

Must-do Cocktail mit frisch »geernteten« Eiswürfeln direkt vom Eisberg. Beim Trinken dem Knacken der seit Jahrtausenden eingeschlossenen Luftblasen zuhören.

Anreise Flug nach Bluff (Neuseeland) ca. 24 h, Rückflug von Ushuaia (Argentinien) ca. 21 h. Als ehemaliges russisches Forschungsschif verfügt die »MS Ortelius« über die höchste Eisklasse (UL1/1A). Die Fahrt führt auch durch die Penola Strait, wo der Polarkreis überquert wird. Für Landgänge Parka- und Gummistiefelverleih.

Info www.diamir.de

Antarktis
Feuer und Eis

14

Aktive Vulkane, Packeis, Eisschelf, Trockentäler und Pinguinkolonien. Mehr Antarktis geht nicht: Die Südpolregion war von jeher eine an Abenteuerpotenzial kaum zu überbietende Region. Auf einer Halbumrundung des antarktischen Kontinents führen die ausgefallenen Expeditionstouren zu selten besuchten Gebieten und historischen Orten.

Für viele Menschen ist die Antarktis einer der letzten unberührten Kontinente der Erde. Antarktisches Festland betraten Menschen zum ersten Mal 1895, als die norwegische Henryk-Bull-Expedition die Lebensfeindlichkeit dieser Gegend in ihrer vollen Härte zu spüren bekam: Der Welt tiefste Temperaturen von minus 90 Grad, eisige Stürme mit Windgeschwindigkeiten von bis zu 300 Kilometern pro Stunde, gigantische Gletscher, Feuer speiende Vulkane und mehr als 4000 Meter hohe Berge, eine unheimliche weiße Wüste, in der es trockener ist als in der Sahara. Diese Vorstellung von unirdischer Wildnis, in der Menschen so hilflos sind wie Pinguine am Potsdamer Platz, machte schon immer den Reiz aus, weshalb es Abenteurer, Forscher und immer mehr Touristen in die Antarktis zieht. Auf der Antarktis-Halbumrundung mit dem Erlebnisreiseveranstalters Diamir geht es in den wärmeren antarktischen Sommermonaten entlang des äußeren Packeisgürtels in die Amundsen-See, zum Startpunkt von Amundsens erfolgreicher Südpolexpedition, ins Rossmeer und zu den historischen Hütten der Polarlegenden Shackleton und Scott sowie in antarktische Trockentäler. Die »MS Ortelius«, ein ehemaliges Forschungsschiff, kann Passagiere auch mit Helikopterunterstützung zu entlegenen Landestellen bringen. Lektoren und ein Fotograf begleiten die Tour. Kuriose Momente wird es reichlich geben, wenn rotjackige Studienreisende auf frackjackige Pinguine treffen.

In Zahlen

Erste Geburt in der Antarktis: 1978 Emilio Marcos Palma auf der argent. Forschungsstation • Die 32-tägige Antarktis-Halbumrundung von Diamir Erlebnisreisen kostet mit Flügen in der besten Suite 31 700 € pro Person • Inkl. Extra: Helikopter-Anlandungen mit je 6 Personen möglich • Passagiere: max 106.

Europa

Die Eleganz der Alten Welt: Diese Hoteltreppe im »Ca'Sagredo« von Venedig symbolisiert Europas Luxus, Glanz und Gloria.

15 Belgien, Brüssel
Surreal abgehoben

Wer von kulinarischen Höhenflügen schwärmt, meint meistens die große Küche von besternten Chefs. Aber Vorsicht in Brüssel: Dort schwebt zuweilen das Dinner tatsächlich im Himmel. Denn »Dinner in the Sky« hat es sich zur Aufgabe gemacht, die Gourmets vom Boden der Tatsachen zu holen und sie schwebend genießen zu lassen.

50 Meter über dem Boden ist eigentlich gar nicht so hoch. Das ist eine normale Kirchturmhöhe oder gerade mal ein Drittel des Kölner Doms. Wenn man aber an einem großen Tisch sitzt, isst und trinkt, der auf diesen 50 Metern Höhe über dem Boden an einem Kran baumelt, dann sieht die Welt ganz anders aus. Wer da nicht schwindelfrei ist, wird weder Aussicht noch Sterne-Küche und Champagner goutieren können. Wie im Flugzeug gibt es eine Präsentation der Sicherheitsvorkehrungen, und jeder Gast muss sich auch anschnallen. Aber dann geht's los: Für 8000 Euro, wenn der Herr seine Dame stilvoll und selbstredend zum individuellen Tête-à-Tête in die Lüfte vor das Atomium und über den Jubelpark begleitet. Dort kocht dann ein Sterne-Chef für das Paar auf, zum Beispiel die Zwei-Sterne-Köche Yves Mattagne, Lionel Rigolet oder Pascal Devalkeneer.

In Brüssel gehört das am Kran hängende Speisezimmer nicht nur zu den Topkonzepten einer surrealen Küche, sondern auch schon zum viel geliebten Stadtbild. Belgier lieben Surreales, vor allem wenn aus dem ebenso luftigen und aufgehängten Musikzimmer daneben begleitende Klänge vom Flügel kommen.

»Dinner in the Sky« macht zuweilen auch Ausflüge und gastierte bereits in Paris, Dubai, Rio de Janeiro, Sydney und in insgesamt 45 Ländern weltweit. In Monaco kochte für Prinz Albert sogar Drei-Sterne-Legende Joël Robuchon.

In Zahlen

»Dinner in the Sky«, fein essen, frei schwebend in 50 m Höhe, 8000 € für 2 bis max. 22 Gäste • inkl. 5-Gänge-Menü von einem Koch mit mind. 1 Stern, Getränke, Live-Musik • Extra: Dinner in the Sky kommt auch bis in den eigenen Garten. Zusatzkosten je nach Lage, Aufwand und Dauer.

50 Meter über dem Boden: Sterne-Mahl mit Musik

Must-do in Brüssel: Auf dem Marollen-Floh-markt nach Antiquitäten stöbern. Belgische Pralinen kaufen; 1 Belgier nascht pro Jahr 12 kg davon! Lachen im Comicmuseum. Ein Bier im »La Mort Subite« trinken. Im Künstlerhotel »Siru« übernachten, obwohl es nur 3 Sterne hat.

Anreise nach Brüssel 2 Auto- oder Bahnstd. westl. von Köln. Per Flugzeug 1 Std. von Frankfurt.

Info »Dinner in the Sky« mit 1 Chefkoch der 19 Sterne-Restaurants in Brüssel. www.dinnerinthesky.com

Must-do in Berlin: Blick vom Fernsehturm, 368 m. Weltkulturerbe Museumsinsel. East Side Gallery, Berliner Mauer. Einkaufen im KaDeWe, dem größten Kaufhaus Europas. Morgens um 5 h eine Currywurst bei Curry 195, Kurfürstendamm 195.

Anreise nach Berlin: 1 Flugstd. ab Frankfurt.

Info »Adlon«, www.hotel-adlon.de, »Ritz-Ca ton«, www.ritzcarlton.com, »Waldorf Astoria«, http://waldorfastoria3.hilton.com/de, alle Berli »Vier Jahreszeiten«, www.kempinski.com und »Bayerischer Hof«, www.bayerischerhof.de, be München.

Berlin hat die Nase vorn: Die Royal Suite im »Adlon«

Deutschland, Berlin
Schlaflose Nächte

16

Wenn die Berlinale, eines der wichtigsten Filmfestivals Europas, läuft, ist die Welt zu Gast in der Hauptstadt. Dann sind alle Präsidentensuiten ausgebucht, auch die teuerste, die Royal Suite im »Adlon«. Ein wenig unnütz, denn Berlin lässt mit Partys, Festen und Empfängen nur wenig Schlaf zu, auch außerhalb der Berlinale-Zeiten …

Wer die Vier-Millionen-Metropole auskosten will, braucht Kondition: in schrägen Clubs am Prenzlauer Berg ebenso wie im feinen »Adlon«. Das Kempinski-Haus ist die Nummer eins im Land: Schicke Vorfahrt am Brandenburger Tor, roter Teppich, Doormen mit Zylinder und weißen Handschuhen und ein Bankettsaal, der so manches rauschende Fest erlebte. Einmal gab es eine Wand aus Eis, in der Hunderte von Hummern darauf warteten, verspeist zu werden. Mit 20 000 Euro pro Nacht ist die Royal Suite die teuerste in Deutschland. Sie entspricht den Sicherheitsstandards des Bundeskriminalamtes und verfügt über einen Panic Room. Auch die Nummer zwei im Land stellt das »Adlon«: mit seinen beiden Präsidentensuiten zu je 15 000 Euro, zusammen mit zwei Münchener Hotels, dem »Kempinski Vier Jahreszeiten« und dem »Bayerischen Hof«. Die Ludwig Suite und die Royal Palais Floor Suite kosten ebenfalls 15 000 Euro. In der Ludwig Suite des »Vier Jahreszeiten« ist der Fußboden aus Kalbsleder, das Bad aus Carrara-Marmor und die Wände zieren silberne, handgearbeitete Leuchter. Die Royal Palais Floor Suite im »Bayerischen Hof« hat den Vorteil, dass bei Buchung die gesamte Etage inbegriffen ist. Besonders arabische Scheichs mieten sie gern. So haben die Damen für ihre Einkäufe in den Luxusgeschäften der Maximilianstraße immer gleich ein ganzes Zimmer, das schon mal freigeräumt wird – nur für die Tüten …

In Zahlen

Deutschlands teuerste Suiten: »Adlon«, 220 qm, 20 000 €, 2 x 185 qm, je 15 000 € • »Vier Jahreszeiten«, 195 qm, und »Bayerischer Hof«, 456 qm, je 15 000 € • »Ritz-Carlton«, Berlin, 285 qm, 14 500 € • »Waldorf Astoria«, Berlin, 280 qm, 360-Grad-Blick, 5300 €, jeweils beste Suiten pro Nacht • Extra im »Adlon«: 2-Sterne-Menü, 310 €.

17 Deutschland, Baden-Baden
Wo zum Kuckuck …

… gibt's historisch gewachsenen Luxus zwischen holsteinischem Nordseestrand und bayerischem Alpenrand? Im Badischen, in Deutschlands reichster Kleinstadt! Seit dem 19. Jahrhundert trifft sich die europäische Society mit Rock und Hut bei den Pferderennen in Iffezheim, im Casino und im »Brenners Park-Hotel«.

Das von klassizistischen Bauten geprägte Städtchen ist so elegant wie seine Spielbank in der Kaiserallee 1: grün wie der Roulette-Tisch, glamourös wie die Kronleuchter im Florentiner Saal, stilvoll wie die im Smoking gewandeten Croupiers. Seit mehr als 200 Jahren rollt leise die Kugel in der von mondäner Verschlafenheit und braver Nostalgie gekennzeichneten kleinsten Weltstadt der Welt, die auf sieben Hügeln gebaut ist wie Rom. Marlene Dietrich sagte, sie sei die schönste Spielbank der Welt. Und Feodor Dostojewski verlor darin sein Vermögen. Lew Tolstoi erging es unwesentlich besser. Kaiser, Könige und Künstler, Maharadschas, Mogule und Mätressen, Prinzen, Potentaten und Prälaten: Geld und Macht waren und sind hier zuhause. Sie flanieren, kutschieren, dinieren und sie zocken in Baden-Baden, einst das Must-go der gehobenen Gesellschaft von der Zeit der Reiseromantik des 19. Jahrhunderts über die Belle Époque bis heute. Faites vos jeux! – ein besseres Klischee für Baden-Baden existiert nicht. Zumal es auch 450 Euro-Millionäre gibt: In keiner anderen deutschen Stadt sind es auf die Einwohnerzahl umgerechnet mehr. Deshalb ist es nur logisch, wenn man an der Oos für die glücklichen Momente die Royal Penthouse Suite im »Brenners« bucht. Die moderne Version der traditionellen Präsidentensuite diente stets als Rückzugsort für Prominente und Staatschefs in einer eigenen Villa im Park des Hotels.

In Zahlen

Royal Penthouse Suite: 200 qm, 18 800 € für 4 Nächte, inkl. Privatkino, 2 Mercedes-S-Klasse-Transfers ab/bis Frankfurt Airport, Champagner, Open Bar, 1-Stern-Degustationsmenü mit Wein, 4 Std. priv. Spa, je 1 Oldtimer- und Casinotour • Extra: 1. Reihe bei der Großen Woche in Iffezheim: 250 €.

Royal Penthouse Villa und Roulettetisch im Casino

ust-do in Baden-Baden: »Faites vos jeux« Casino. Platzkonzert aus der Konzertmuschel ren. Auf der Lichtentaler Allee flanieren. Im ßen Thermalwasser baden. Prachtstück: Spät-rgunder Auslese vom Kaiserstuhl trinken.

ıreise nach Baden-Baden: knapp 2 Autostd. südl. von Frankfurt (internat. Flughafen).

Info »Brenners Park-Hotel« mit Sterne-Restaurant, Top-Spa, Park, Pool, Royal Penthouse Suite mit Fenster aus Sicherheitsglas, priv. Überwachungsanlage für den eig. Sicherheitsdienst. www.brenners.com

Terrasse des Royal Penthouse im »Corinthia«. Marmorbad im MO

Must-do in London: Big Ben, Buckingham Palace, National Gallery, Portobello Market, Indisch essen in der Brick Lane.

Anreise nach London: 2 Flugstd. ab Frankfurt.

Info »Corinthia«, www.corinthia.com. »Savoy«, www.fairmont.com. »Shangri-La«, www.shangri-la.com. »Lanesborough«, www.lanesborough.com. »Mandarin Oriental« www.mandarinoriental.com. »Four Seasons«, www.fourseasons.com/LondonParkLane. »Dorchester«, www.dorchestercollection.com »Ritz«, www.theritzlondon.com

England, London
Wie man sich bettet … 18

… so liegt man, besagt ein Sprichwort. Das gilt besonders für London, wo die Auswahl an Weltklasse-Fünf-Sterne-Hotels so groß ist wie sonst nirgendwo. In der britischen Hauptstadt kann der Besucher acht Tage lang von Royal Suite zu Royal Suite wechseln und achtmal königlicher wohnen und schlafen als die Queen.

Echte Londoner Hotelatmosphäre ist schrullig-opulent. Moderne Designhotels versprechen mehr Minimalismus. Und alle nehmen immer höhere Preise. Dennoch: Wer bereit ist, Geld auszugeben, den enttäuscht London nicht. Salonlöwen und die prominente bis königliche Gesellschaft verkehren im »Savoy« – mit der einzigen Straße in England mit Rechtsverkehr, wegen der Wendemöglichkeit für die Rolls-Royce –, im »Ritz«, wo »Puttin' on The Ritz« – sich fürs »Ritz« anziehen – schon seit mehr als 100 Jahren gilt, oder im frisch renovierten »Lanesborough«. Die reiche Geschäftswelt wählt dagegen »The Dorchester«, wo Ölscheichs in »Dishdashas« neben Ölmultis mit Texanerhut sitzen, das »Mandarin Oriental Hyde Park«, mit dem besten »Afternoon Tea«, oder das »Four Seasons Park Lane« mit Hyde-Park-Blick. Den Vogel schießen zwei Neueröffnungen ab: Das »Shangri-La« in Westeuropas höchstem Gebäude, The Shard, und das »Corinthia«. Das dortige zweigeschossige Royal Penthouse ist 465 Quadratmeter groß und verfügt über eine Dachterrasse mit 180-Grad-Blick. Der Esszimmertisch aus poliertem Elfenbein, die Bäder aus Onyx und Marmor und neben dem privaten Spa steht ein Steinway-Flügel bereit. Wer acht Tage Suite-Hopping dranhängen möchte: Es gibt noch das »Berkeley«, »Claridge's«, »Connaught«, »Goring«, »Grosvenor«, »Landmark«, »Bulgari«, »Jumeirah« und viele andere, die kaum schlechter sind als die Top-Acht.

In Zahlen

»Corinthia«, 27 000 € • »Lanesborough« und »Mandarin Oriental«, je 22 500 € • »Shangri-La«, 17 500 € • »Savoy«, 15 000 € • »Four Seasons«, 14 500 € • »Dorchester« und »Ritz«, beide 12 000 € • Je beste Suite pro Nacht, 8 Tage, 143 000 € • Extra im »Savoy«: »Silver Darling«, private Cruise auf der Themse, 1800 € für 45 Min. sind 40 € pro Min.

19 Frankreich, Paris
Sterne für Bett und Teller

In Sachen Hotellerie muss sich Paris gegenüber London beugen, wenngleich auch in Paris eine Woche Royal-Suite-Hopping machbar wäre. Aber keine Stadt hat so viele Fünf-Sterne-Hotels mit so vielen Sterne-Restaurants im Haus. Diesbezüglich maßgebend ist »Le Bristol« mit fünf Sternen fürs Bett und insgesamt vier für die Teller.

Ein Restaurant hat seinen Zenit erreicht, wenn es mit drei Sternen im Guide Michelin ausgezeichnet wurde. Mehr kulinarische Anerkennung gibt's nicht. Paris hat gleich neun Drei-Sterne-Restaurants (nur Tokio hat weltweit vier mehr) plus 15-mal zwei Sterne und 72-mal einen Stern. »Le Bristol«, ein Palast aus den 1920er-Jahren im Stil von Louis XV., bringt dabei das Kunststück fertig, gleich zwei Restaurants in seinen Räumlichkeiten zu haben, die besternt sind: Das »Epicure« mit Chef Éric Fréchon strahlt mit drei Sternen sowie À-la-carte-Preisen von 160 bis 310 Euro pro Gericht, und, nur wenige Meter daneben, hält das »114 Faubourg« von Chef Éric Desbordes einen Stern (65 bis 140 Euro).

»Le Meurice« hat Alain Ducasse und damit fast logischerweise auch drei Sterne (220 bis 295 Euro), das »Shangri-La« bietet »L'Abeille« mit zwei Sternen (135 bis 285 Euro) und den »Shang Palace« mit einem Stern (chinesisch, 60 bis 120 Euro). Das »Four Seasons George V« und das »Mandarin Oriental« warten jeweils mit Zwei-Sterne-Restaurants auf: »Le Cinq« (165 bis 265 Euro) beziehungsweise das »Sur Mesure par Thierry Marx« (165 bis 200 Euro). Im »Royal Monceau« gibt es zweimal einen Stern: für »La Cuisine« (85 bis 130 Euro) und für »Il Carpaccio« (italienisch, 85 bis 150 Euro). »The Peninsula« und das Restaurant »Lili« haben gerade erst die Türen geöffnet und werden sicher bald eingreifen ins Platzhirschranking …

In Zahlen

Die Imperial Suite im »Le Bristol«, 323 qm, Taillardat-Möbel, 28 000 €, die Royal Mandarin Suite, 350 qm, Seidenkimonos, 20 000 €, und The Penthouse im »George V«, 160 qm, 360-Grad-Blick, 19 500 €, je pro Nacht, sind die teuersten Suiten • Extra im »L'Abeille«: 1 Flasche 1985er Château Pétrus, 4500 €.

Schriller Auftritt: Arrangement im Sterne-Restaurant »La Cuisine«

lust-do in Paris: Eiffelturm, Champs-Elyes, Mona Lisa im Louvre, Modeboutiquen am ace des Victoires. Abendessen im »Le Ciel de ris«, 56 Stockwerke über Pariser Boden.

nreise nach Paris: 5 Autostd. westl. von ankfurt oder per Bahn 4 h, per Flugzeug 1 h.

Info »Bristol«, www.lebristolparis.com. »Meurice«, www.lemeurice.com. »Shangri-La«, www.shangri-la.com, »Four Seasons George V«, www.fourseasons.com/paris. »Mandarin Oriental«, www.mandarinoriental.com. »Royal Manceau«, www.leroyalmanceau.com

Hotel der Extraklasse: mit Schloss (Chefconcierges) und Kap-Dependance

Must-do Von den Turnringen ins Meer springen. Den besten Bellini der Welt trinken. Ernest Hemingways Utopie »Der Garten Eden« lesen (er war Gast im »Du Cap«). Das Gästebuch anschauen: www.hotel-du-cap-eden-roc.com/eng/guest-book. 1 x das Hotel verlassen und im Sterne-Restaurant »Château Saint-Mar tin« dinieren.

Anreise nach Antibes: 2 Flugstd. von Fran furt (Lufthansa) nach Nizza, von dort 30 Autom

Info »Hotel du Cap-Eden-Roc«: Restaurant, Park, Tennis. www.hotel-du-cap-eden-roc.com

Frankreich, Antibes
30 000 rote Rosen

20

Bei den alljährlichen Filmfestspielen von Cannes steht das »Hotel du Cap-Eden-Roc« mit Stars und Partys im gesellschaftlichen Mittelpunkt. Aber im Sommer zeigt es sein wahres Gesicht: Der Inner-Circle von etwa 150 bis 200 Multimillionären lässt bis zu 300 000 Euro pro Person für einen Sommerurlaub in diesem Hotel.

Der »Figaro« schrieb einmal: »Das ›Du Cap-Eden-Roc‹ ist nicht wirklich ein Hotel, es ist eine Enklave für die Elite aus aller Welt«. Um halb vier Uhr morgens eine Jacht organisieren? Den Chefconcierge überrascht nichts mehr. Auch keine Kate Moss, die ihr Zimmer verwüstete wie ein ungezogenes Mädchen oder einst The Who. Ein Gast gibt seinem Hund zu jedem Hundegeburtstag Kaviar zum Fressen, auf der Karte zu 300 Euro für 50 Gramm. Lord Onslow hinterließ dem Hotel sogar einst einen offenen Scheck, mit der Bitte, seinen im Urlaub verstorbenen Hund Young im Hotelpark zu begraben. 19 weitere Vierbeiner kamen im Lauf der Zeit dazu. Ein anderer Hotelgast schenkte seiner Frau ein Mercedes-Birthday-Cabrio, das komplett in schwarze Seide eingewickelt werden musste. Ein weiterer imitierte Gunter Sachs, der Brigitte Bardot den Hof machte und 30 000 rote Rosen aus dem Helikopter über St. Tropez abwarf. Das wollte der Hotelgast auch und fand, das »Eden-Roc« sei der richtige Platz für seine Liebesbotschaft. Und wenn bei den Filmfestspielen unten in Cannes die Masse tobt, feiern die »Happy Few« oben im »Du Cap-Eden-Roc«. Filmfest-Partys, die nicht im »Eden-Roc« stattfinden? »Das ist wie Champagner, der nicht perlt!«, sagt Hoteldirektor Philippe Perd. Bruce Willis öffnete um drei Uhr morgens die Bar und lud unangekündigt ein paar Freunde ein. Zum Morgengrauen waren es 200 … Und Gerard Depardieu spielte den hungrigen Obelix in der Küche.

In Zahlen

Villa Eleana, 250 qm, Garten, Privatpool, 15 000 €, ist die teuerste Unterkunft • Von den Filmstars bevorzugt: Eden-Roc-Suite, 200 qm, Terrasse, Jacuzzi, 6400 €, jeweils pro Nacht • Extra: Einfache Cabanas für den Badetag am Mittelmeer, 500 € pro Tag.

21 Frankreich, Champagne
Der 22. Juli 1927

In Zahlen

Relais & Châteaux »Hostellerie La Briqueterie«: Suite, 1840 € für 2 Nächte, inkl. Limousine mit Chauffeur, www.labriqueterie.fr • Extra: Beste Champagner kosten bis 1000 € pro Flasche • Einer der Teuersten: 1907er Heidsieck um 200 000 €.

An diesem Tag begann kein Weltkrieg und es starb kein bedeutender Staatspräsident, aber dennoch ist der Tag historisch, zumindest für Genießer. An jenem 22. Juli 1927 wurde festgelegt, welche Weinanbaugebiete zur Champagne gehören. Der Inbegriff des Luxusgetränks kommt seitdem von nur rund 34 000 Hektar. Die jährlich mehr als 300 Millionen Flaschen Champagner sind geschützt. Alles andere – und sei es noch so gut – ist Sekt, Prosecco oder Cava.

Die Champagne-Tour führt in namhafte Kellereien, zu Krug, Taittinger und Pommery in Reims sowie Moët & Chandon, Mercier und De Castellane in Epernay. Ausgangspunkt ist die »Hostellerie La Briqueterie« vor den Toren von Epernay, wo alles Nötige organisiert wird, von der Limousine mit Chauffeur bis zu den Terminen in den Kellereien.

Das beste Getränk der Welt: Die Champagne ist eine Reise wert.

Italien, Sardinien
Schweben im Pool

22

Inmitten der üppig grünen Natur Sardiniens liegt das Luxusresort »Forte Village«, das großzügiger und freiräumiger kaum sein könnte. Auf insgesamt 25 Hektar verteilen sich acht Vier- und Fünf-Sterne-Hotels mit 21 Restaurants und sechs Meerwasserbecken, unterschiedlich in Temperatur und Salzgehalt. Im Meeresöl-Becken kann man bei 38 Grad warmem Wasser sogar schwereloser schweben als im Toten Meer. Die luxuriöseste Suite befindet sich im 5. Stock des Fünf-Sterne-Hotels »Castello« und ist über einen privaten Aufzug zu erreichen. Durch offene, deckenhohe Fenster hat man einen grandiosen Blick aufs Meer, umgeben von einer riesigen Terrasse mit Privatpool. Mädchen können in ihre eigene, pinke Wohnwelt im Barbie-Stil abtauchen. Zur Party schaut dann manchmal sogar eine lebende Barbie vorbei.

In Zahlen

Suite Reale, 250 qm, ab 15 000 € pro Nacht • Extra: Barbie-VIP-Paket für Mädchen (2–13 Jahre) mit Zimmern im Barbie-Stil ab 430 € pro Woche, www.fortevillage.com • Feiern in Flavio Briatores »Billionaire's Club« in Porto Cervo, www.billionairelife.com

Schwerelos: Salzwasseroasen unter Palmen

Über den Dächern Roms und unter der Kuppel der »Villa la Cupola«

Must-do in Rom: Petersplatz, Petersdom und Sixtinische Kapelle, Forum Romanum, Engelsburg, Kolosseum, Spanische Treppe. Den Trevi-Brunnen frühmorgens besuchen, bevor die Massen kommen.

Anreise Direktflug 1,5 Std. (Lufthansa).

Info »The Westin Excelsior«, 281 Zimmer un 35 Suiten. »Villa La Cupola«-Suite mit historischen Möbeln, Fresken, Mosaiken, Murano-Gla leuchtern, Privatkino, Jacuzzi, Spa- und Fitnessraum, privatem Weinkeller mit mehr als 200 Weinen. www.westinrome.com

Italien, Rom
Die Ewige Stadt

23

Alle Wege führen nach Rom, lautet ein Sprichwort. Ist man dann angekommen, findet man sich in einem riesigen Freilichtmuseum wieder und weiß gar nicht so recht, wo anfangen mit dem Sightseeing. Denn bei einer fast 3000-jährigen Stadtgeschichte treffen Gegenwart und Vergangenheit auf Schritt und Tritt aufeinander.

Eine der Legenden dieser Stadt liegt dann auch nur ein paar Minuten von der Spanischen Treppe entfernt: das »Westin Excelsior Hotel«. Dort kann man in der »Villa La Cupola«-Suite im Flair eines römischen Palastes aus der Zeit der Renaissance und des Neoklassizismus logieren. Der spektakulärste Wohnraum der Suite befindet sich direkt unter einer zwölf Meter hohen, mit Fresken ausgeschmückten Kuppel. Ein Jacuzzi im pompejanischen Stil ruft die Atmosphäre antiker Bäder in Erinnerung. Historische Zitate allenthalben, doch von musealer Langeweile keine Spur. Im zweistöckigen Luxusapartment gibt es ein Privatkino für bis zu acht Gäste, Privataufzug, Spa- und Fitnessraum sowie einen persönlichen Butler. Mit mehr als 1100 Quadratmetern ist die »Villa La Cupola«-Suite eine der größten und opulentesten in Europa. Bereits seit 1906 beherbergte das »Excelsior« internationale Stars, Staatsgäste und Künstler. Auch Roms bekanntester Filmlocation, dem Trevibrunnen, sollte man unbedingt einen Besuch abstatten. Der wurde nicht zuletzt durch Anita Ekbergs nächtliches Bad in Fellinis »La Dolce Vita« weltbekannt. Man kehre nach Rom zurück, heißt es, wenn man eine Münze in den Brunnen wirft. Doch an die Rückkehrer denkt man in Rom nicht in erster Linie, erweist sich der Brunnen doch als öffentliche Sparbüchse. Münzen im Wert von mehr als einer Million Euro fischen städtische Angestellte pro Jahr für soziale Projekte heraus.

In Zahlen

Beste Suite im »The Westin Excelsior«: »Villa La Cupola« mit mehr als 1100 qm • Für 22 000 € pro Nacht wohnt man unter einer 12 m hohen Kuppel mit Fresken • Renovierungskosten der Suite: mehr als 5 Mio. € • Extra: 5 Std. Stadtrundfahrt mit Chauffeur, 100 km in Mercedes-S-Klasse für max. 3 Pers., 658 €.

24 Italien, Venedig
Sesam öffne dich!

Im Palazzo Papadopoli in Venedig können sich Hausgäste des »Aman« für ein paar Nächte selbst wie Graf und Gräfin fühlen. Das trifft sich besonders zu Karneval ganz gut, denn man feiert hier in kleinem Kreis direkt am Canal Grande. Und weil auch die adeligen Eigentümer noch im Palazzo leben, wohnt man fast wie bei Freunden.

Sie schreitet durch den Spiegelsaal, als sei er eigens für sie gebaut. Die selbstbewusste Art, in der die Gräfin den Ballsaal betritt, zeigt, dass sie hier zu Hause ist. Bianca von Savoyen Aosta entstammt der italienischen Königsfamilie und ihr Mann, Graf Giberto, ist ein Nachfahre der Papadopoli, einer reichen Familie, die von Korfu nach Venedig kam und 1864 den Palazzo aus dem 16. Jahrhundert kaufte. Das »Aman« hat den Palazzo nun gepachtet, während die Besitzer-Familie mit ihren fünf Kindern in ihren Dachgemächern voller Antiquitäten und Erinnerungstücken an eine langjährige Familiengeschichte wohnen blieben. So kommt es, dass sich die Gäste hier bisweilen wie in einem Sakralraum bewegen, bedächtigen Schrittes, den Blick nach oben zu Lüstern, Fresken und Reliefs gerichtet, in einem von Blattgold und Spiegeln überbordenden Raum, der es leicht mit dem Spiegelsaal von Versailles aufnehmen kann. Nirgends können Gäste zu Karneval stilvoller in historischen Kostümen flanieren. Geschützt vor neugierigen Blicken ist man unter sich und feiert ausgelassen. Ein intimes Maskentreiben, das nichts zu tun hat mit dem Karneval vergnügungssüchtiger Narren, die auf dem Markusplatz den Maskenball als Massenparty feiern. Wenn dann die traditionelle Gondelparade um Mitternacht auf dem Canal Grande die närrische Zeit beendet, zieht die Prozession im Kerzenlicht direkt am Balkon des »Aman« vorbei. Auch das ist ganz großes Kino.

In Zahlen

Logieren unter einem echten Tiepolo-Deckengemälde in der Alcova Tiepolo Suite 3650 € pro Nacht. Im Preis enthalten: Flughafentransfer per Rivaboot • Extra: Das Resort ist auch bei der Organisation von historischen Kostümen behilflich und besorgt Karten für den Dogenball mit Dinner ab 750 €.

Besser als Kino: Ballsaal mit Canal-Grande-Blick

lust-do in Venedig: Kurz vor Sonnenauf-
ang den Markusplatz ganz für sich alleine haben.
arino Marinis Reiter im Guggenheim Museum
nsehen, der wegen geistlicher Prozessionen frü-
er einen abschraubbaren Penis hatte. Ein Glas
ellini im »Caffè Florian« für 30 € trinken und
bereitwillig auch noch 6 € für die Musik zahlen.

Anreise Direktflug 1,5 h (Air Dolomiti).

Info Das »Aman Canal Grande« verfügt über 24 exklusive Suiten und 2 Privatgärten. www.amanresorts.com

Schmuckkästchen direkt am See
und Lesezimmer mit Stil

Must-do am Gardasee: La Isola del Garda mit »La Contessa«. Cabrio-Fahrt um den See, zur Wasserburg von Sirmione und der Felsenburg von Malcesine. Spaghetti con le Sarde essen.

Anreise nach Gargnano: 5 Autostd. südl. von München. Nächster Flughafen: Verona (Air Dolomiti). Einziger Bahnhof am See: Desenzano (ab München, umsteigen in Verona).

Info »Grand Hotel a Villa Feltrinelli« mit Zwe Sterne-Restaurant, Park, Pool, Privatstrand und -stege, Aqua di Parma im Bad.
www.villafeltrinelli.com

Italien, Gardasee
Mussolini und die Rosen 25

Das »Grand Hotel a Villa Feltrinelli« in Gargnano am Gardasee ist seit 1997, dem Jahr der Wiedereröffnung als Hotel, die Nummer eins in Norditalien. Das wahrscheinlich kleinste Grand Hotel Europas hat nur 21 Suiten, aber 80 Angestellte, und verkörpert ein Stück Italien, als »Italia« noch ein Traum war und nicht ein Reiseziel wie viele andere.

Diese Ruhe. Ein Magnolienblatt fällt vom Baum. Man hört es. Der Ober bringt ein Glas Champagner. Innehalten – sogar das feine Perlen ist zu vernehmen. Wie das Knirschen der Marmorsteinchen, wenn man auf den Wegen im 3,2 Hektar großen Park oder an der Promenade am See entlanggeht. Allein 22 000 Pflänzchen zieren die Auffahrt. Einmal wurde der ganze Park für eine Hochzeit ausschließlich weiß bepflanzt. Jede Dame erhält bei der Ankunft einen Rosenstrauß. Und Rosenblätter finden sich übrigens auch täglich im WC-Wasser. 1892 ließ Faustino Feltrinelli die Villa als Sommersitz erbauen. Winston Churchill war zu Gast, Benito Mussolini beschlagnahmte sie, so manche Comtessa verlebte hier heiße Liebesnächte, und zuletzt sah man Hollywood-Drehbuchautoren beim Schreiben sowie Richard Gere beim Relaxen. Jede Suite ist mit Namen wie Al Lago oder Magnolia benannt und mit edlen Antiquitäten eingerichtet, die teilweise Originalstücke der Verlegerfamilie Feltrinelli sind. Die Räume sind geprägt von aufwendig bemalten Wänden, Decken, geschliffenen Glasflächen und kunstvoll geschnitztem Holzwerk. Hotels wie die berühmtere »Villa d'Este«, die in gängigen Rankings vordere Plätze belegen, liegen in Service und Ausstattung hinter der »Villa Feltrinelli«. Erst seit Chef Stefano Baiocco zwei Michelin-Sterne hat, dürfen auch Nicht-Hotelgäste ins Haus. Die Preise auf der Speisekarte regeln aber, dass die Ruhe nicht leidet.

In Zahlen

Al-Lago-Suite, 110 qm, 5600 € für mind. 2 Nächte • 1000 Antiquitäten in 21 Suiten • 80 Angestellte • 1 Std. dauert das Herrichten einer Suite, exakt nach Fotovorlagen und Inventarplan • Extra: »La Contessa«, 16-m-Boot aus den 1920er-Jahren mit 2-Mann-Crew, 500 € pro Std.

26 Monaco, Monte Carlo
Millionen sind Peanuts

Monaco ist keine zwei Quadratkilometer groß, aber 400 Kameras überwachen das Geschehen. Ein Polizist kommt auf 70 Einwohner, doch es gibt mehr Musiker im Staatsdienst als Soldaten. Monaco ist geprägt von Sicherheit und dem Glamour des Casinos, der Formel 1 und so mancher Megajacht, wie der von Roman Abramowitsch.

Das Fürstentum ist reich, hat mehr Arbeitsplätze als Einwohner: 40 000 für 30 000 Menschen aus 112 Nationen, darunter nur 7000 Monegassen. Das Bruttoinlandsprodukt liegt mit rund 55 000 Euro pro Einwohner und Jahr knapp hinter dem der City of London, dem teuersten Pflaster Europas. Aber eine Briefkastenadresse reicht nicht, um die Steuervorteile genießen zu können. Der Ministaat lebt zu 50 Prozent von Steuereinnahmen: aus Formel 1, Handel, Tourismus, Bankgeschäften, Industrie, Liegegebühren im Hafen und Immobilientransaktionen. Das Casino-Geschäft macht nur vier Prozent im Staatshaushalt aus, obgleich in den »Salons privés« schon mal in einer Stunde bis zu fünf Millionen Euro verspielt werden. Monte Carlo ist die Spielwiese der Reichen und Schönen. Im edelsten Casino der Welt, in den schicken Hotels und am Jachthafen geben sich internationale Jetsetter die Klinke in die Hand. Es kochen Weltklassechefs wie Joël Robuchon oder Alain Ducasse. Es gibt den größten Weinkeller weltweit: im »Hotel de Paris« liegen 600 000 Flaschen auf 1500 Quadratmetern. Russen-Oligarch Roman Abramowitsch vermietet (meistens dort) seine 850 Millionen Euro teure Jacht. Diese Megajacht hat ein paar kleine Extras an Bord, etwa ein U-Boot und ein Raketenabwehrsystem. Und während der Formel 1 lässt sich das »Fairmont« den grandiosen Blick vom Balkon auf die Haarnadelkurve mit einem Vier-Tage-Paket vergolden. So ist Monaco …

In Zahlen

Abramowitsch-Jacht »Eclipse«: 163 m lang, mit 1 Pool, 1 Kino, 1 Disco, 20 Jet-Skis, 4 Motorbooten, 2 Heli-Landeplätzen, 1 U-Boot, 1 Raketenabwehrsystem, 70-Mann-Crew, für 1,4 Mio. € pro Woche • Stirling Moss Suite im »Fairmont«: 39 990 € für 4 Nächte zur Grand-Prix-Zeit.

Unter dem Fürstenschloss liegt sie häufig:
Abramowitsch-Jacht »Eclipse«

[M]ust-do Außerhalb der Formel-1-Zeit Carré [d]'Or Suite, »Hôtel Métropole«, 10 000 € pro [N]acht. Av. des Castelans: von Monaco (Briefkas[t]en = rot) nach Frankreich (gelb) gehen.

[A]nreise 2 Flugstd. von Frankfurt (Lufthansa) [n]ach Nizza, von dort in 30 Min. per Taxi oder 10 Min. mit dem Helikopter (beides knapp 100 €).

Info www.superyachtsmonaco.com, www.fairmontmontecarlogp.com, www.metropole.com, www.hoteldeparismonte-carlo.com, www.monaco-tourisme.com

27 Österreich, Lech
Die andere Seite

In Zahlen

»Villa Aurelio Exklusiv«: 1 Woche zu zweit in der Villa Aurelio mit Privatspa und 18-m-Pool, 280 000 € • Inkl. Extras: alle Ausflüge, Limousinentransfer, individuelle Sieben-Gang-Gourmetdinner auf zwei Gault-Millau-Hauben-Niveau. www.aureliolech.com

Bei Lech am Arlberg denken die meisten unweigerlich ans Skifahren. Dabei kann man hier in den Sommermonaten auch eine ganz andere Seite der Gegend kennenlernen. Das Luxushotel »Aurelio Lech« hat ein einwöchiges exklusives und exotisches Erlebnispaket für zwei Personen zusammengestellt. Man muss nicht gleich bis nach Peru reisen, um eine geführte Alpaka-Wanderung mit Picknick am Wasserfall zu unternehmen. Hoch in die Lüfte geht es im Heli zu den besten Golfplätzen Österreichs oder im Zeppelin über die Berg- und Seenlandschaft Vorarlbergs, gefolgt von einem Jachtausflug über den Bodensee.
Zusätzlich stehen zwei private Kinos zur Verfügung, ein Masseur sowie ein 24-Stunden-Butler-Service. Zum Abschluss gibt es ein »Personal Fitting« der neuen Ski-Kollektion. Dann kann auch der Winter kommen.

Nach Zeppelinflug und Alpak
wanderung in den Privatpo

Österreich, Oberlech
Die Sechs-Sterne-Hütte 28

Von außen gibt sich das »Chalet N« bescheiden: Zwei Holzhütten, verbunden durch einen Mittelbau. Innen bildet die moderne Einrichtung einen Kontrast zum allgegenwärtigen Holzdesign. Doch was bekommen anonym bleiben wollende Oligarchen oder Show- und Sportgrößen für einen Wochenpreis in der Hochsaison von 490 000 Euro, schließlich wollen sie die selbsternannte Sechs-Sterne-Hütte ja nicht kaufen? Hinter schusssicheren Fenstern gibt es acht Suiten, die größte 400 Quadratmeter, insgesamt 22 Betten, ein 1000-Quadratmeter-Spa, 20 Bedienstete, 24-Stunden-Butler-und Limousinen-Service, Weinkeller, Büro, Kino und zwei Restaurants. René Benko, einer der reichsten Österreicher, baute das nach seiner Frau Nathalie benannte »Chalet N« für 40 Millionen Euro. Mieten kann man es nur ganz oder gar nicht.

In Zahlen

»Chalet N« (22 Betten) in der Hochsaison (Dez.–Jan.) 490 000 € pro Woche oder 70 000 € pro Tag oder 2919 € pro Stunde • Extras: 24-Std.-Butler- u. Limousinen-Service, Skipass, Ausrüstung • Skilehrer sind inklusive, hochwertige Spirituosen nicht. www.chalet-n.com

Holz vor der Hüttn' mit Blick hinter schusssicherem Fensterglas

29 Orient-Express
Nostalgisch, ratternd, gut

Die Legende auf Gleisen lebt. Mit dem »Venice Simplon-Orient-Express« sind schon viele (berühmte) Menschen quer durch Europa gereist. Hercule Poirot, der berühmte Detektiv, genoss das »Orient-Express«-Erlebnis einst ebenso wie Königsfamilien, Staatspräsidenten, Schriftsteller, Musiker und der spätere Poirot-Darsteller Peter Ustinov.

Jeder Zug rattert, schaukelt, schlenkert. Und trotzdem: Man schläft wie ein Baby in diesen dicken Federbetten. Der Kabinensteward serviert das Frühstück. Der Earl Grey dampft, das Toast sieht knusprig und die »Herald Tribune« wie gebügelt aus. Im Bettchen den ersten Hunger stillen, während draußen behäbig die Seine im Morgendunst vorbeifließt. Das fahrende Kino »Venice Simplon-Orient-Express« auf der Urstrecke von Paris nach Istanbul: 2765 Kilometer, sich Zeit nehmen, Luxus und Landschaft genießen, Europa nostalgisch erfahren. Der legendäre »VSOE« ist das große Vorbild für alle Luxuszüge dieser Welt und der »As time goes by«-Express belebt gleichzeitig die Eleganz einer vergangenen Epoche. Schon das Äußere signalisiert den stilvollen Auftritt in Dunkelblau und Beige. Könige und Präsidenten, Kuriere und Spione waren in den Wagen des »Orient-Express« unterwegs, der sich erstmals am 4. Oktober 1883 von Paris in Richtung Konstantinopel, dem heutigen Istanbul, in Bewegung setzte. Die Agatha-Christie-Verfilmung »Mord im Orient-Express« wurde hier gedreht, James Bond fuhr damit. Nelson Mandela erlag dem Charme des »Venice Simplon-Orient-Express« ebenso wie David Gilmour von Pink Floyd, Keith Richards von den Stones sowie die Genesis-Köpfe Phil Collins und Peter Gabriel. Liza Minelli war an Bord, die zickige Cher, Gregory Peck, Paul Newman, Roman Polanski, Francis Ford Coppola und sehr viele andere …

In Zahlen

Cabin Suite, 6 qm, 27 460 € für 5 Nächte und 2 Pers., inkl. Speisen und Getränke • Kosten pro qm und Tag: 915 € • Pro Tour gehen 10 Teller zu Bruch • Ursprünglicher Stückpreis der nicht restaurierten Originalwaggons: 70 000 € • Extra: Abteilservice, z.B. 1 Flasche Champagner mit Canapés: 127 €.

Der »Orient-Express«: die Mutter aller Luxuszüge

Iust-do Vor dem Start Abendessen im »Le iel de Paris« im 56. Stockwerk. Gellért-Thermal-ad in Budapest. Ceausescu-Protz: Haus des Vol-es in Bukarest. Dinner im »360° Istanbul« mit igantischem Blick. Abends im Zug Anzug und rawatte bzw. langes Schwarzes mit Federboa.

Anreise nach Paris: 1 Flugstd., nach Istanbul: 4 Flugstd., jeweils ab Frankfurt (Lufthansa).

Info »Orient-Express«: 11 Schlaf-, 3 Restaurant- und 1 Pianobarwagen für max. 188 Pers. www.belmond.com/venice-simplon-orient-express

Viel Personal und großzügiges Platzangebot in der Owner Suite

Must-do Das Jugendstilviertel von Riga auf einem Segway, Stockholm auf den Spuren von Abba und Danzig auf den Spuren von Günter Grass erkunden. Frisch geräucherten Hering in Hasle auf Bornholm essen.

Anreise Flug nach und von Hamburg (Lufthansa), weiter nach Kiel mit Shuttlebus.

Info Die Owner Suite auf Deck 10 bietet Reisenden mit 114 qm das größte private Platzangebot an Bord mit getrenntem Wohn- und Schlafbereich, eigener Dampfsauna und einem Whirlpool mit Meerblick, kostenloser Minibar, eigenem Notebook und Tablet. www.hl-kreuzfahrten.de

Ostsee, »MS Europa 2«
Die große Freiheit

30

Kaum in den Dienst gestellt, schon lief die »MS Europa 2« ihrem Schwesterschiff, der »MS Europa«, den Rang als bestes Kreuzfahrtschiff der Welt ab. Zwischen beiden Schiffen liegen rund 30 Jahre und Welten, wenn es um die Atmosphäre an Bord geht. Die »MS Europa 2« setzt neue Maßstäbe im wachsenden Kreuzfahrtmarkt.

Smoking, Frack und langes Abendkleid kann man hier getrost zuhause lassen und mit ein paar Koffern weniger anreisen. Lässig, doch keinesfalls nachlässig ist man auf der »MS Europa 2« gekleidet. Die Gäste sollen die Freiheit des Meeres und ihre Freiheit an Bord stilvoll genießen. Auch auf förmliche Kapitänsdinner verzichtet man gänzlich. So will man auch Novizen anlocken, die noch nie auf einem Kreuzfahrtschiff waren. Hell und weitläufig sind die Gänge, und es gibt hier vor allem eines: sehr viel Platz. Von Kabinen kann auf diesem Schiff nicht mehr die Rede sein, längst konkurrieren die Suiten an Bord in ihrer Ausstattung mit denen der Luxushotellerie. Die spektakulärste Unterkunft an Bord ist die 99 Quadratmeter große Owner Suite mit getrenntem Wohn- und Schlafbereich und einer 15 Quadratmeter großen eigenen Veranda mit Whirlpool. Zielgruppe ist eine im Kreuzfahrtgeschäft vergleichsweise junge, gut situierte Klientel ab 45 Jahren. Weil solche Leute wenig Zeit haben, konzentriert sich das Routenkonzept zumeist auf 7-tägige Reisen. Frühlingstage an der Ostsee kann man so auf einer Fahrt von Kiel nach Riga, Stockholm, Danzig und Bornholm erleben. Der Luxus muss aber auch auf der »MS Europa 2« sichtbar bleiben, deshalb wird einmal pro Woche Kaviar gereicht. Wem der Fischrogen nicht mundet, der kann auf »Deck 8« auf eine Currywurst, nach einem Rezept der »Sansibar«, ausweichen. Auch das ist lässig: mal Currywurst, mal Kaviar.

In Zahlen

Passagiere: max. 500 • 7-tägige Ostseereise in der »Owner Suite« mit 99 qm und 15 qm eigener Veranda für 20 800 € pro Person inkl. 24-Stunden-Butler-Service • Extra: mehr als 890 moderne Kunstwerke an Bord • 7 Gourmetrestaurants • 37 Ginsorten in der Bar • 1 Flasche Champagner Krug Clos du Mesnil, 960 €.

31 Russland, Moskau
Wo der Rubel rollt

In Zahlen

»Baltschug Kempinski Moskau«, St. Basil's Suite, 84 qm, 6306 € pro Nacht • Extra: »One in a Million Weekend« zu zweit, 25 244 €. www.kempinski.com • US-Dollar-Milliardäre in Russland: 111 • Tanzen mit der russischen Elite: »Soho Rooms«. www.sohorooms.com

Mit einem spektakuläreren Blick auf den Roten Platz, den Kreml und die Basilius-Kathedrale kann man in Moskau morgens kaum erwachen, schließlich liegt das Fünf-Sterne-Hotel »Baltschug Kempinski« direkt im Zentrum. Laut »Forbes«-Liste leben in Russland 111 US-Dollar-Milliardäre, das ist Rang drei hinter USA und China. Wen wundert es da, dass auf der Moskauer Millionärs-Messe auch Inseln und Brillanten besetzte Handys angeboten wurden. Ein »One in a Million Weekend« kann man zu zweit auf Anfrage im »Baltschug Kempinski« verbringen mit First-Class-Flug, 24-Stunden-Limousinen-Service, zwei Übernachtungen in Designersuiten oder der Kremlin-Suite, besten Plätzen im Bolschoitheater, einer Runde Golf, Shopping-Guide, Gourmet-Dinner für umgerechnet 25 244 Euro. Oder, was spektakulärer klingt: 1 Million Rubel.

Speisen mit Aussicht auf den Roten Platz

Schweiz, St. Moritz
Es geht noch altmodisch 32

Ganz unbescheiden ist »Top of the World« der Verkaufsslogan von St. Moritz. Wegen der trockenen Luft und der mehr als 300 Sonnentage im Jahr spricht man von »Champagner-Klima«. In St. Moritz gab es das erste elektrische Licht in der Schweiz (1878), aber auch den ersten Skilift (1935). Doch das »Badrutt's Palace«, von Weitem sichtbares Wahrzeichen der 5000-Einwohner-Gemeinde mit cosmopoliten Gästen aus aller Welt, gibt sich bis heute gewollt konservativ. Mit Rolls-Royce vor der Tür und Jackett-Pflicht am Abend, die Krawatte dazu ist erwünscht. Es geht noch altmodisch zu, und die Gäste schätzen das: Prinzessin Caroline von Monaco, Gunilla von Bismarck, Ira von Fürstenberg, der Sultan von Brunei. Das »Badrutt's Palace« ist eine Hotellegende und das Wohnzimmer des neuen und alten Geldes in den Alpen.

In Zahlen

Hans Badrutt Suite im »Badrutt's Palace Hotel«: 280 qm, Dampfbad, Jacuzzi, 16 600 € pro Nacht • Extra: Junggesellenabschied de Luxe für 4 Pers. mit Sport, Bügelkurs, Wein, Dinner, Rolls-Royce: 4900 € für 2 Tage. http://badruttspalace.com

Hotel mit Turm: Das »Badrutt's Palace« als Wintertraum

Wie bei Bond. James Bond: Wohnzimmer und Bad der Royal Suite

Must-do in Genf: Platz der Nationen mit UNO-Building und Kunstinstallation »Amputierter Stuhl« besuchen. Fontäne im Genfer See. Geburtshaus von Jean-Jacques Rousseau. Einen »Dom Louis XIII«, gemixt aus »Dom Perignon«-Champagner und »Louis XIII«-Cognac, in der »Leopard Bar« des »Hôtel d'Angleterre« trinke

Anreise nach Genf: 1 Flugstd. ab Frankfu

Info »Hôtel Président Wilson« mit 3 Restaurants, darunter »Bayview« mit 1 Stern, Pool, Sp
www.hotelpresidentwilson.com

Schweiz, Genf
Schön schusssicher
33

Geld? Spielt keine Rolle. Darf keine Rolle spielen. Zumindest, wenn man die teuerste Suite der Welt bucht. Modernste Hightech-Ausstattung, viel Platz und Prunk sind Pflicht. Dazu kommen der herrliche Seeblick fürs Gemüt und Sicherheitsvorkehrungen, die einem 007-Film alle Ehre machen würden. Zu Besuch im »Hotel Président Wilson«.

Achter Stock, unten der Genfer See, in der Ferne die Alpen und 1680 Quadratmeter Royal Penthouse Suite: ein Mix aus Klassizismus und Moderne, aus Understatement und Protz, aus Whirlpool mit Mont-Blanc-Blick und sechs Zentimeter dicken, schusssicher gepanzerten Fenstern. Es ist die teuerste Hotelsuite der Welt, die größte in Europa, sie füllt die gesamte achte Etage und bietet zwölf Zimmer und Bäder, eine Terrasse zum See, einen Fitnessraum, einen Steinway-Flügel und diverse Extravaganzen: die Art-déco-Vase hier, ein wertvolles Gemälde dort, Perserteppiche. Ungewöhnlichste Extravaganz – neben der BeoVision 4-103 von Bang & Olufsen, eines der größten Fernsehgeräte mit 2,61 Metern Durchmesser – ist das ausgeklügelte Sicherheitssystem à la James Bond, inklusive einem gepanzerten, mannshohen Safe. Mannshoch ist auch der Nächtigungspreis: 75 000 Schweizer Franken, rund 61 000 Euro, inklusive Sekretär, Butler und Koch, die 24 Stunden zur Verfügung stehen. Der Hoteldirektor ist gleichzeitig der Besitzer: Charles Tamman. 1996 eröffnete er sein Hotel unter dem Namen »Président Wilson«. Besonders die arabische Welt ist zu Gast, der König von Saudi-Arabien oder Scheich Khalifa, Herrscher der VAE und Namenspatron des Burj Khalifa, des größten Gebäudes der Welt in Dubai. Aber auch Bill Clinton und Tony Blair, Microsoft-Boss Bill Gates und Bond-Darsteller Roger Moore checkten schon auf der achten Etage ein.

In Zahlen

Royal Penthouse Suite: 1680 qm, 12 Zi., 6 cm dicke schusssichere Fenster, 61 000 € pro Nacht • 1996 nach 156 Mio. € teurer Renovierung mit 180 Zi. und 48 Suiten wiedereröffnet • 2007 weitere 26 Mio. € für Upgrades • Extra: 7-Gang-Degustationsmenü mit Wein von Sterne-Koch Michael Roth, 205 €.

34 Spanien, Mallorca
Im Tal des Goldes

In Zahlen

»Jumeirah Port Sóller Hotel & Spa«, Privatjetanreise, Logis in der 185 qm »Suite Es Port« für max. 4 Pers., Spa und Luxus-Seafood-Dinner ab 19 950 € pro Nacht • Extra: Törn auf einem Segler aus den 1930er-Jahren, 2300 € pro Tag • www.jumeirah.com

An der unberührten Nordwestküste zeigt sich Mallorca von seiner ruhigen Seite. Auf den Klippen zwischen Himmel und Meer liegt das stilvollste Luxusresort Mallorcas: das »Jumeirah Port Sóller Hotel & Spa«. Elf Gebäude mit 120 Zimmern und Suiten schmiegen sich terrassenförmig an das Felsrelief und ermöglichen so eine atemberaubende Aussicht auf den berühmten Hafen der Küstenstadt Port Sóller. Riesige Glasfronten säumen das grasgedeckte Haus der doppelstöckigen »Suite Es Port« mit eigener Terrasse und Panoramablick aufs Meer und das Tramuntana-Gebirge. Zwei Restaurants sorgen für mallorquinische Köstlichkeiten, die bisweilen vor der Haustür geerntet werden. Denn das Resort liegt in wundervoll duftenden Gärten aus üppigen Orangen-, Zitronen- und Olivenhainen, weshalb die Gegend auch »Tal des Goldes« genannt wird.

In einem Segler aus den 1930er-Jahren die Klippen des Resorts umschiffen

Spanien, Tagomago
Das Rückzugsrefugium

35

Schön, dass es noch Orte gibt, an die sich die paparazzigeplagte Prominenz zurückziehen kann, mag sich Sabine Christiansen gedacht haben, als sie Tagomago für ihre Hochzeit mietete. Die Privatinsel liegt nur fünf Bootsminuten von der trubeligen Jetset-Insel Ibiza entfernt. Solche Inselträume verkauft oder vermietet seit mehr als 40 Jahren der Unternehmer Farhad Vladi. Eine Woche Tagomago kostet 300 000 Euro. Zur modernen Villa im Inselinneren gehört auch ein 145 Quadratmeter großer Pool. Den werden manche sehr zu schätzen wissen, denn Sandstrände sucht man an den Steilküsten von Tagomago vergeblich. Stattdessen kann man ein Natur- und Vogelschutzgebiet und einen traditionellen Leuchtturm erkunden. Ein privater Koch, Küchen- und Hauspersonal sowie ein Butler kümmern sich um die Gäste.

In Zahlen

Tagomago: 400 000 qm für 300 000 € pro Woche • Platz für 10 Personen • Inbegriffen: privater Koch, Küchen- und Hauspersonal sowie Butler • Extras: Anreise von Ibiza mit Helikopter, 3000 € pro Std. • Jachtcharter, kompletter Tag ab 13 000 €. www.vladi-private-islands.de

Von Tagomao ist das trubelige Ibiza ganz nah und doch auch weit genug entfernt.

Must-do in Prag: Burg mit St.-Veits-Dom. Über die Karlsbrücke am frühen Morgen gehen. Im Kloster Strahov 2 der schönsten Bibliotheken der Welt sehen. Kaffeehauskultur im pompösen »Imperial«. Schweinebraten und böhmische Knödel essen und tschechisches Bier dazu trinken.

Anreise nach Prag: 1 Flug-, 4 Auto- oder 5 Bahnstd. von Frankfurt.

Info »Four Seasons« mit Restaurant, Spa, 141 Zi. und 20 Suiten in 3 historischen Gebäuden, dem klassischen, dem Renaissance- und dem Barock-Gebäude. www.fourseasons.com

Großes Bühne: im Prager Ständetheater und in der Präsidentensuite

Tschechien, Prag
Don Giovanni ganz allein 36

Der Gang durch die Gassen von Prag ist wie ein Gang durch scheinbar frisch renovierte Jahrhunderte und Kulturen, wie ein fröhliches Blättern in literarischen Werken und Kompositionen. Und: Ein Theater richtet eine Aufführung ganz exklusiv für maximal sechs Personen aus. Grund genug, der Sache nachzugehen …

Im Kern der tschechischen Hauptstadt findet man so gut wie alle architektonischen Stile, von Gotik und Barock über den Jugendstil oder den seltenen Kubismus bis zum Funktionalismus. Ein faszinierender Streifzug auf Kopfsteinpflasterstraßen durch die europäische Baukunst. Das Sahnehäubchen könnte das Ständetheater sein: »Don Giovanni« allein oder mit bis zu fünf Freunden genießen. Das Stavovské Divadlo wurde 1783 als Nationaltheater im neoklassizistischen Stil erbaut, 15 Jahre später von den Böhmischen Ständen gekauft und umbenannt. Die Mozart-Opern »Don Giovanni« (1787) und »La Clemenza di Tito« (1791) gelangten dort zur Uraufführung. Wer im Prager »Four Seasons« die Präsidentensuite bezieht, kommt in den Genuss dieser wohl unvergesslichen Privataufführung in einem der schönsten Theaterräume Europas. Ein edler Rolls-Royce-Oldtimer bringt die Gäste zum Theater und zurück ins Hotel. Es folgt ein Empfang auf der Terrasse des »Four Seasons«, musikalisch untermalt von Mitgliedern des Ständetheater-Ensembles. Das Feinschmeckerdinner unter Sternen rundet den Kunstgenussabend ab. Für die Erfüllung möglicher weiterer Wünsche ist Petr Zezula, der Chefconcierge des »Four Seasons«, zur Stelle. Letzter prominenter Gast in der Präsidentensuite war Madonna, ohne Ständetheater-Arrangement, aber mit zwei Privatjets, hundertköpfigem Tross und 200 Tonnen Ausrüstung für ihr eigenes Konzert.

In Zahlen

Präsidentensuite: 372 qm, 3 Schlafzimmer, 5800 € pro Nacht • Im 2. Stock der Barockvilla aus der 2. H. d. 18. Jh. • Extra: Privataufführung von »Don Giovanni« im Ständetheater von 1783, Rolls-Royce-Transfers, Empfang mit Konzert, Dinner und 1 Nacht Präsidentensuite für 6 Pers.: 60 000 €.

37 Türkei, Istanbul
Schlafen wie ein Sultan

Istanbul ist riesig, das touristische Zentrum aber doch so klein, dass man vom Topkapı-Palast über Hagia Sofia und Blaue Moschee bis zum Großen Basar alles zu Fuß ablaufen kann. Und das Istanbul von heute verbindet Europa und Asien in vier Minuten per U-Bahn. Bester Platz zum Übernachten: wie ein osmanischer Herrscher im »Çırağan Palace«.

Nur wenige Hotels auf der Welt bringen es zum Status eines Wahrzeichens der Stadt. Das von »Kempinski« gemanagte Hotel »Çırağan Palace« gehört dazu. Es hat den Glanz eines osmanischen Palasts, in einer Stadt von Königreichen und Kulturen, in der West und Ost, Europa und Asien, Geschichte und Moderne zusammentreffen. Das historische Gebäude von 1857 liegt auf der europäischen Seite Istanbuls, und der Blick von den elf Suiten reicht über den Bosporus hinüber nach Asien. Der Palast war einst die Residenz der osmanischen Sultane und ist heute die Adresse in Istanbul für Royals, Präsidenten und Stars, wenn Sie auf der Durchreise sind. Ob Juan Carlos I. oder Bill Clinton, ob Liza Minnelli oder Luciano Pavarotti: Sie alle waren zu Gast in der besten Suite des Hauses. Die Sultan Suite liegt im zweiten Stock des Palasts und gilt als eine der größten, pompösesten und teuersten Suiten Europas. Deckenhohe Fenster ermöglichen beste Blicke auf den Bosporus, wobei die Deckenhöhe stattliche 5,70 Meter beträgt. Das Bad verfügt über ein handgearbeitetes Marmor-Hamam für die Massage, ein türkisches Bad zum Schwitzen sowie vergoldete und kristallene Armaturen. Osmanische Architektur mit Säulen, Kronleuchtern und zwei Kaminen runden das Bild ab: So müssen die Sultane früher gewohnt und geschlafen haben. Wenn man einmal vom ferngesteuerten Automatisierungssystem und dem 65-Zoll-LCD-Bildschirm absieht …

In Zahlen

Sultan Suite: 376 qm, 30 000 € pro Nacht, inkl. 180-Grad-Bosporus-Blick, 24 Std. Butler-Service und BMW-7er-Transfer von und zum Flughafen • Accessoires aus dem 19. Jh. • 1717 erstmals erwähnt • 1990 als Hotel eröffnet • Extra: Helikopter-Transfer vom Flughafen Atatürk 550 €.

Pompöser Palast am Bosporus: mit Baldachinbetten in der Sultan Suite

lust-do in Istanbul: Hagia Sofia, heute useum, ehemals Kirche und Moschee. Blaue oschee, Istanbuls wichtigste Moschee mit 6 Mi-arretten. Mindestens 4 Std. Zeit nehmen für den opkapı-Palast mit seinem großartigen Museum. nkaufen im Großen Basar mit 4000 Geschäften.

Anreise nach Istanbul: 4 Flugstd. ab Frankfurt (z.B. Lufthansa).

Info »Çırağan Palace«, direkt am Bosporus mit 4 Restaurants, Spa, Pool direkt am Bosporus. www.kempinski.com

38 Türkei, Bodrum
Nur nicht kleckern

In Zahlen

Golden Palace Villa in einem der Leading Hotels of the World »Golden Savoy«: 725 qm, 6 Marmorbäder, 2 Pools, Privatstrand, 44 000 € pro Nacht, www.goldensavoy.com • Extra: 33-m-Jacht »Merve«, 50 000 € pro Woche.

Bodrum ist heutzutage zum einen ein touristisches Massenziel an der Ägäisküste und zum anderen in den Geschichtsbüchern mit einem der sieben antiken Weltwunder eingetragen, dem Mausoleum von Halikarnassos. Von Letzterem ist leider nicht mehr viel übrig.

Jüngst kam aber eine bemerkenswerte Neuheit dazu. 200 Quadratmeter groß, auf zwei Etagen verteilt und pro Nacht 44 000 Euro teuer: die Golden Palace Villa im kürzlich eröffneten Hotel »Golden Savoy«. In Sachen Opulenz und kostspieligem Komfort dachten die Gestalter vielleicht ans antike Weltwunder, sicher aber an die historische Pracht der Paläste des Osmanischen Reiches. Es gibt einen Innen- und Außenpool, Jacuzzi, Sauna, ein türkisches Bad – und einen privaten Pier. An Personal stehen 24 Stunden bereit: eine Haushälterin, ein Küchenchef und ein Butler.

Platzmangel gibt's nicht: Salon im »Golden Savoy«

Zypern, Polis
Aus Schaum geboren

Der Sage nach wurde die Göttin der Liebe aus Schaum geboren – auf Zypern, der Schnittstelle von Europa, Asien und Afrika. Uranos, der Himmelsgott, verstieß die Kinder, die ihm Gaia, die Mutter Erde, gebar. Nur einer hatte Glück: Kronos konnte sich vor dem bösen Vater verstecken. Die Mutter gab ihm eine Sichel, um Uranos zu entmannen. Sein Glied fiel ins Meer, Schaum bildete sich – und daraus erwuchs Aphrodite. Die mit dem Aphrodite-Kult verbundenen Phantasien gibt es schon seit rund 3000 v. Chr. Der luxuriöseste Platz auf Zypern, um dem Kult zu huldigen, ist das Resort »Anassa«, nahe dem Bad der Aphrodite, wo die Göttin der Liebe ihren ersten Liebhaber Akamas verführte … Wer etwas auf sich hält, bucht die Aether Residence. Aether bedeutet die reinste, von den Göttern geatmete Luft …

In Zahlen

Aether Residence im »Anassa«: 291 qm, davon 66 qm Terrasse, 3 Zi., Pool: 4790 € pro Nacht • Insges. 177 Zi. und Suiten im Stil eines byzantinischen Dorfes, Thalasso-Spa, 85 000 qm Park • Extra: Transfer vom/zum Flughafen 310 €. www.anassa.com.cy

Aphrodite hätte sich auch wohlgefühlt: Aether Residence im »Anassa«

THE
PRADA
PRADA
THE PENINSULA
THE PENINSULA
THE PENINSULA

Asien

Mächtig prächtig: Mit 15 dunkelgrünen Limousinen hat »The Peninsula Hongkong« die größte Rolls-Royce-Flotte aller Hotels weltweit.

40 Aserbaidschan, Baku
Tankstopp am Kaukasus

Ist das schon Wellness? Oder einfach nur verrückt? Ein neumodischer Trend ist das Baden in reinem Erdöl jedenfalls nicht. In der aserbaidschanischen Stadt Naftalan hat diese, wenn auch eher rabiate Form des Wohlfühlens, eine lange Tradition. Schon Marco Polo erwähnte im 13. Jahrhundert die Vorzüge des Erdölbades in seinen Reiseberichten.

Zur puren Erholung eignen sich solche Anwendungen in Naftalan-Öl nur für Hartgesottene, sie werden maßgeblich zu medizinischen Zwecken eingesetzt. Vor allem heilende Wirkung im Haut- und Knochenbereich werden dieser sehr seltenen Ölform zugeschrieben, die weltweit nur in Kroatien und hier am Fuße des Kaukasus in Naftalan vorkommt. Zehn Minuten dauert ein Wannenbad, denn die gefilterte und 38 Grad warme Ölpampe verklebt einem bald sämtliche Poren. Auch wenn es aussieht, als nähme man ein leckeres Schokoladenbad, riecht es in etwa so, als säße man in einem Heizöltank. Immerhin sprudeln allein in dem kleinen Ort Naftalan bis zu 30 Tonnen Öl täglich aus dem Boden. Aserbaidschan ist reich an Erdöl. Stilgerecht wurden daher als Wahrzeichen der Hauptstadt Baku drei 190 Meter hohe Flammentürme gewählt, die mittels LED-Leuchten nachts riesige züngelnde Flammen in den Himmel schicken. In einem residiert das »Fairmont Hotel«, wo man im 27. Stock in der 375 Quadratmeter großen Royal Suite am Valentinstag auch die Herzen seiner Gäste entflammen will. Eine Übernachtung mit Shuttle im Jaguar, Butlerservice, Zehn-Gänge-Candle-Light-Dinner, Vier-Stunden-ESPA-Behandlung kostet 46 708 Euro. Als Geschenk gibt es eine Goldkette mit Diamanten und Saphiren von Gilan Jewellery und einen Montblanc Timewalker Chronograph Automatic obendrauf. Na, wer da nicht Feuer und Flamme ist.

In Zahlen

»Fairmont Baku«: Lobby-Leuchter: 2 t, 600 000 Kristalle, 840 Lichter • Royal Suite, 375 qm, 6700 € pro Nacht • Valentinstags-Paket, 46 708 € • »Jumeirah Bilgah Beach Hotel«: Lobby-Leuchter, 58 m hoch, 72 000 LED-Lichter, 12 t • 170 qm Presidential Suite, 8323 € pro Nacht • Extra: Baden in Naftalan-Erdöl, Tages-Spa ab 25 €.

Flammentürme von Baku: Symbol für das Erdöl, in dem man sogar baden kann

ust-do Flammentürme in Baku: Höhe: 0 m, Baukosten ca. 260 Mio. €, 11 000 LED-uchten, Palast der Schirwanschahs, Heydar yev Center.

nreise Direktflug Baku 4,5 Std. (Lufthansa). n da mit dem Wagen nach Naftalan (4,5 Std.).

Info »Fairmont Baku«, 318 modern und edel eingerichtete Zimmer und Suiten. www.fairmont.de/baku

»Jumeirah Bilgah Beach Hotel«, 176 Zimmer und neoklassizistische und barocke Suiten. Wohnen wie Ludwig XIV. www.jumeirah/de.com

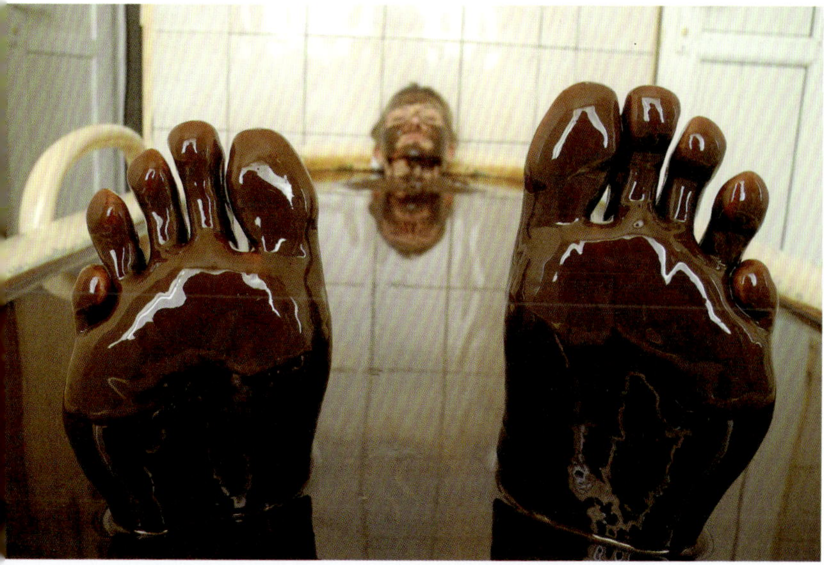

41 Bahrain, Formel-1-Strecke
Vettel spielen

In Zahlen

Formel-1-Strecke Bahrain: 5407 m • 15 Kurven • Streckenrekord von Michael Schumacher auf Ferrari 2004: 1 Std. 30,252 Min. • Priv. Tagesmiete: 46 000 €. www.bahraingp.com • Extra: Villa im »Ritz-Carlton«: 2000 € pro Nacht. www.ritzcarlton.com

2004 gelang dem jüngsten Königreich der Welt – Bahrain ist erst seit 1971 unabhängig – der große Coup. Etliche Millionen flossen, um die Formel 1 nach Bahrain und den Inselstaat im Persischen Golf einmal im Jahr überall auf der Welt ins Rampenlicht zu bringen. Die Bahraini sind vom Kamel ab- und in den Ferrari umgestiegen. Selbst die traditionelle Falknerei ist dem modernen Motorsportfieber gewichen. Der Kronprinz jagt seinen Porsche oder eines der anderen 15 Sportgefährte mit bis zu 550 PS über die Formel-1-Rennstrecke, die dann für ihn gesperrt wird. Ab rund 400 Euro darf aber auch jedermann an den offenen Tagen auf die Weltmeisterschaftsstrecke und sich mit seinem Auto für ein paar Runden austoben. Wer allerdings die gesamte Strecke mietet, wie der Kronprinz, zahlt 46 000 Euro pro Tag.

Wie ein F-1-Pilot: einmal Kickdown bis zur Höchstgeschwindigkeit

Bhutan, Fünf-Täler-Tour
Im vergessenen Reich

42

Bhutan gehört zu den unbekanntesten Ländern der Erde. Erst in den 1970er-Jahren öffneten sich erstmals die Grenzen des Landes. Im Himalaya, eingezwängt zwischen China und Indien, ist Bhutan noch weitgehend unerschlossen. Und: Der Tourismus soll die Traditionen der knapp 700 000 Einwohner nicht zerstören.

Das »Amankora« liegt über fünf Täler verteilt, jedes mit individuellem Charakter und einer großartigen Bergkulisse: Paro, Punakha, das Gletscherdorf Gangtey, Thimphu sowie Bumthang. Bei der Reise zu den fünf Tälern und Lodges erlebt man das Beste von allem. Und reist im sonst so einfachen Bhutan trotzdem auf dem höchstmöglichen Niveau. Wobei traditionell gewohnt wird: So ist die »Amankora«-Lodge in Paro entsprechend der bhutanischen Bauweise aus gestampftem Lehm errichtet.

In Zahlen

»Amankora«: 5 Lodges mit 8–24 Suiten auf 1300–3000 m • Bhutan: 180–7500 m • 12-Tages-Reise: 15 100 € pro Pers. inkl. Vollpension, Transfers. www.amanresorts.com • Extra: Greenfee für den einzigen Golfplatz Bhutans auf 2350 m, 9 Loch, 15 €.

Dem Reiseziel entsprechend: ruhige Sachlichkeit im »Amankora«

43 China, Hongkong
Heli, Jacht und Rolls

Die Hotelikone »The Peninsula Hongkong« ist 85 Jahre alt, aber hübsch wie 25 und bietet alles, was man sich nur wünschen kann. Darunter die traumhafte Peninsula-Suite, eine Herrentoilette »designed by Philippe Starck« und die wohl sieben luxuriösesten Stunden in der Weltstadt: bei einem Ausflug, der alle Sinne betört.

In der Peninsula-Suite im 26. Stockwerk, mit prächtigem Blick auf Victoria Harbour und die Bankentürme von Central, mit Privatkino und eigenem Gym, bereitet Butler Paul Leung, 59 Jahre alt, die Ankunft eines gleichaltrigen CEO vor. Paul weiß das Geburtsdatum des Gastes. Er kennt seine Vorlieben und was er nicht mag. In zehn Büchern zu je 80 Seiten – die Bücher sind »top secret« – stehen alle Wünsche der Stammgäste und VIPs.

Die Ankunft des CEO auf dem Heli-Pad ist für 16.07 Uhr avisiert. Keine fünf Minuten später wird er die Peninsula-Suite beziehen. Im Tagespreis von 12 500 Euro sind ein Rolls-Royce und der Butlerservice beinhaltet, 24 Stunden, stets Stand-by. Paul packt die Koffer aus, bügelt die Anzüge auf und reserviert einen Tisch im »Felix«, das bekannt für seine verrückte Herrentoilette ist: Während der Herr pinkelt, schaut er sich die Wolkenkratzer von Kowloon an. Die Fensterfront reicht bis zum Boden, und der Herr steht mit dem Gesicht zum Fenster direkt davor. Philippe Starck hat nicht nur das abgedrehte Restaurant, sondern auch das WC gestaltet. Paul wird dem Gast den gebuchten Sieben-Stunden-Ausflug erklären: Der Helikopter des »Peninsula« entführt ihn vom Dach des Hotels über die Straßenschluchten zu den Stränden von Sai Kung. Dort wartet eine Luxusjacht mit einem fürstlichen Mahl, ehe es zurückgeht, wo am Star Ferry Pier sein Rolls-Royce wartet, um auch die Landperspektive zu bieten. Kostenpunkt: 9000 Euro.

In Zahlen

Peninsula-Suite: 380 qm, erfüllt CIA- und MI6-Standards, 12 500 € pro Nacht, inkl. Butler und Rolls-Royce-Stand-by • 15 Rolls-Royce, die größte RR-Hotel-Flotte weltweit. Der Älteste: Phantom von 1934 • Extra: Stadtbesichtigung aus der Luft, zu Wasser und Land, 9000 € für 7 Std. = 21,43 € pro Min.

‹eli und »The Peninsula Hongkong«
›it Präsidentensuite

‹lust-do in Hongkong: Blick von The Peak, Star ‹rry fahren, Shopping auf der Nathan Road, Dim ‹m im »Tim Ho Wan« essen, im »Felix« pinkeln.

‹nreise 11 Flugstd. ab Frankfurt (Qatar Air- ‹ays). Transfers zum »Peninsula« mit Rolls-Royce ‹20 €) oder Helikopter (1300 €).

Info »The Peninsula Hongkong« mit 9 Restaurants und der legendären Bar, in der Clark Gable einen Screwdriver bestellte und einen Schraubenzieher bekam. 80 Boutiquen, Spa mit verglaster Sauna und Blick auf Victoria Harbour, Pool, Heli-Pad. www.peninsula.com

Privatpool und Schlafzimmer der »Banyan Tree«-Präsidentensuite

Must-do in Macao: Das Weltkulturerbe, die Fassadenruine der Pauluskirche, anschauen. Aussicht vom Macau Tower, 338 m, genießen. Zocken im altehrwürdigen Casino »Lisboa«. Staunen auf dem Cotai-Strip. Portugiesisch essen, z.B. salzigen Fisch Ma Jiexiu.

Anreise nach Macao via Hongkong, 11 Flug ab Frankfurt (Qatar Airways), 1 Std. Expressfähr

Info »Banyan Tree«, 256 Suiten, www.bany tree.com. »Four Seasons«, 360 Zi., www.fourse sons.com. »Mandarin Oriental«, 213 Zi., www.mandarinoriental.com

China, Macao
Ein Dorf als Boomtown

44

In Macao pulsiert das Leben, die Menschen ackern und rackern, die Baukräne sind sogar nachts im Einsatz. Macao ist eine 24-Stunden-Stadt – oder auf gut Chinesisch: ein 24-Stunden-Dorf. Denn in der Volksrepublik gilt alles unter einer Million Einwohner als Dorf. Und das kleine Macao kommt gerade mal auf 560 000 Menschen.

Um halb vier Uhr morgens verlässt ein »High Roller« das »Sands«. Er hat im privaten VIP-Room gespielt, wo die großen Einsätze über den Tisch gehen. Hunderttausende oder vielleicht sogar Millionen von Hongkong-Dollar haben den Besitzer gewechselt – in die eine oder in die andere Richtung … Vier Bodyguards schirmen den Großzocker ab, als sei er ein Staatspräsident oder Hollywood-Star. Aber nicht nur er, alle, die Geld haben, zocken oder Geschäfte machen wollen, sind willkommen. Und wer nach Macao geht, will spielen – trotz Weltkulturerbe, dem portugiesisch-chinesischen Stilmix der Stadt oder dem höchsten »Skyjump« der Welt: vom Macao Tower aus 233 Metern Höhe. 24 Stunden sind die Casinos in Betrieb: das mächtige »Sands«, das liebenswert-altmodische »Lisboa« und die anderen 31 Spielbanken. Gespielt werden Baccarat, Blackjack und asiatische Glücksspiele. Roulette ist nicht so beliebt.

Seit 1. Januar 1962 rollt die Kugel in Macao, werden Karten gelegt, fallen die Würfel. An diesem Tag wurde die erste Konzession zum Glücksspiel noch durch die Portugiesen vergeben. Und mit dem Cotai-Strip hat Macao in Sachen Umsatz sogar Las Vegas überholt, mit US-amerikanischem Geld und Know-how übrigens. Leuchtreklamen und hübsche Straßenmädchen, Uhren- und Schmuckgeschäfte, Restaurants und Bars: Das ist Macao im Zentrum und auf den vorgelagerten Inseln Taipa und Coloane. Bem vindo – willkommen in Macao!

In Zahlen

Präsidentensuiten im »Banyan Tree«, 888 qm im 30. und 31. Stock, 10 000 €; im »Four Seasons«, 314 qm im 18. und 19. Stock, 6500 €; im »Mandarin Oriental«, 337 qm, 23. Stock, 6000 €, jeweils pro Nacht • Extra: Bootsparty mit weibl. und männl. Models, Essen, Trinken, 3 Std., bis 10 Pers., 4000 €.

45 China, Yanqi Lake
UHO gelandet

In Zahlen

Präsidentensuite im »Yanqi Lake Kempinski Hotel«: 338 qm, 16. Etage, 4000 € pro Nacht • Eröffnung Ende 2014, www.kempinski.com • Extra: »Robert Parker on the Wall«-Dinner, 7 Gänge, 8 Weine, auch mit 99 und 100 Parker-Punkten: 1450 € pro Pers.

60 Kilometer nördlich von Peking ist eine Art »Unbekanntes Hotel-Objekt« gelandet: Es hat eine runde Form, ist 21 Stockwerke hoch und nagelneu. Das »Yanqi Lake Kempinski Hotel« soll einmal die G-20-Konferenz beherbergen oder ein ähnlich großes Event, das weltweit Beachtung findet und China erstklassig repräsentiert. Yanqi heißt übersetzt zwar nur Gänserastplatz, weil die Tiere jeden Frühling und Herbst an dem von drei Seiten von Bergen umgebenen Stausee haltmachen. Aber es ist auch ein Naherholungsort für die Mächtigen und Reichen aus Peking. Die Präsidentensuite zeigt sich verführerisch: Möbel »Contemporary Style« und Kunst à la Jackson Pollock, Walnussholzböden und Tapeten mit Metallic-Elementen. Ein Stilmix, der zu diesem »UHO« nahe der rund 2500 Jahre alten Großen Mauer bestens passt.

Kreisrund und nagelneu: das »Yanqi Lake Kempinski Hotel«

China, Chongqing
Heilwasser im Pool

46

Die Volksrepublik China stellt fast ein Drittel der Menschheit und hat so viele Millionenstädte wie kein anderes Land. Peking, Shanghai, Hongkong kennt jeder. Aber was ist mit den anderen mehr als hundert Millionenmetropolen? Wer weiß etwas über Chongqing? Die fast 30 Millionen Einwohner machen die Stadt immerhin zur größten des Landes. Wer eine Flusskreuzfahrt auf dem Jangtsekiang unternimmt, lernt sie auch kennen, denn dort nimmt die Tour ihren Lauf. Und wer im Urlaub einen Privatpool mit heißer Thermalquelle haben möchte, der macht sich auch auf nach Chongqing. Reisen in China sind wie Wundertüten. Bei jeder Fahrt im Reich der Mitte kommt eine Überraschung dazu. Im neuen »Banyan Tree Beibei« ist es in wirklich jedem Privatpool der 107 Villen das heilende Thermalwasser der Nordquelle der Jinyun-Berge.

In Zahlen

Präsidentenvilla im »Banyan Tree Beibei Resort«: 1200 qm, 2 Etagen, 38 Grad warme Thermalpools, 7200 € pro Nacht. www.banyantree.com • Extra: Jangtsekiang-Flusskreuzfahrt, Präsidentensuite der »MS Victoria Katarina«, 4 Tage, 2500 € pro Pers.

Jenseits der 30-Millionen-Stadt: Ruhepool mit Thermalwasser

Damen-Versteck: der Palast der Winde. Luxus-Fleck: der »Raj Palace«

Must-do Durch die geheimnisvollen Fenster des Palasts der Winde blicken wie einst die Damen am Hofe. Observatorium Jantar Mantar, Stadtpalast mit Pfauenhof und Festung von Amber besuchen, Elefantensafari. Shopping: Halbedelsteine, Silber und Seidenstoffe.

Anreise ca. 14 Flugstd. (Etihad Airways).

Info »The Raj Palace«, exklusivste Suite: Shal Mahal auf 5 Stockwerken mit 6 Schlafzimmern, Esszimmer, Küche, Swimmingpool, privatem Theater und Bibliothek. www.rajpalace.com un www.slh.com/de

Indien, Jaipur
Wie ein Maharadscha
47

Was für ein Name für einen Maharadscha: »Bubbels«. Die Freude über die Geburt des Stammhalters war am Hof von Jaipur 1931 so groß, dass alle Springbrunnen im Palast mit Champagner gefüllt wurden, was dem Neugeborenen seinen Spitznamen einbrachte. Den Titel Maharadscha sollte er noch erben, regieren durfte er aber nicht mehr.

Hatten die Briten zur Zeit ihrer kolonialen Herrschaft über Indien den Maharadschas noch eine begrenzte Autonomie zugestanden, verloren diese mit Indiens Unabhängigkeit 1947 ihre Ansprüche. Schon Bubbles' Vater, Man Singh II., hatte zum Entsetzen seines Hofstaats den Palast der Familie in ein Hotel verwandeln lassen, weil das Geld ausging. Noch heute kann man hier wie zu Zeiten der legendären Herrscher wohnen. »The Raj Palace« gehört zu den »Small Luxury Hotels« und verfügt mit seinen Antiquitäten und Artefakten noch immer über die Anmutung eines Mahradscha-Palastes. Luxuriöseste Unterkunft ist die Shahi Mahal Suite, die über fünf Stockwerke reicht, ausgestattet mit sechs Schlafzimmern, Esszimmer, Küche, privatem Theater, Swimmingpool und Bibliothek. Das berühmteste Wahrzeichen von Jaipur ist der Palast der Winde, in dem wegen seiner raffinierten Luftzirkulation stets eine frische Brise herrscht. Die reine Schaufassade ist Teil des Stadtpalastes und besteht ausschließlich aus einer großen Front von Erkern und Fenstern, die früher den Damen des Hofes, die sich nicht unters Volk begeben durften, als Beobachtungsposten bei Prozessionen dienten. So konnten sie alles mitverfolgen, ohne selbst hinter der Fassade gesehen zu werden. Als der stammhalterlose Bubbles vor wenigen Jahren starb, ging das Erbe an seinen Enkel über. Doch die fast 1000-jährige Maharadscha-Tradition war zu Ende , zerplatzt wie eine Seifenblase.

In Zahlen

Palast der Winde: 953 Nischen und Fenster • Stadtpalast: 2 größte Silbergefäße der Welt: je 1,50 m hoch, 345 kg schwer • »The Raj Palace«, erbaut 1727 • Shahi Mahal Suite, 88 314 € für zwei Nächte • Extra: Dinner im Stadtpalast des Maharadschas, Begrüßung mit Elefanten und Champagner, nur auf Einladung.

48 Indien, Kerala
Das Gold der Götter

In Zahlen

Tempelschatz: 15 Milliarden € • »Fragrant Nature Hotel & Resort«, Honeymoon Cottage, 185 € pro Nacht • »Old Harbour Hotel«, Princess Suite, 225 € pro Nacht • beides »Small Luxury Hotels«, www.slh.com/de • Extra: Metalldetektor zur Goldsuche: 50 €.

Bei diesem Fund wäre selbst Indiana Jones sprachlos. Nur handelt es sich hier nicht um ein Hollywood-Abenteuer, sondern um einen eher unauffälligen Hindu-Tempel in Trivandrum, der Hauptstadt des Bundesstaates Kerala. Was die Entdecker 2011 aus dem Sree-Padmanabhaswamy-Tempel an Goldschmuck, Goldmünzen, Diamanten und edelsteinbesetzten Artefakten zutage förderten, ist der bislang größte Schatz Indiens: Geschätzter Materialwert mehr als 15 Milliarden Euro. Der Schatz wurde bei Renovierungsarbeiten entdeckt. Er stammte von Opfergaben Gläubiger, war offensichtlich versteckt und später vergessen worden. Der Tempel gehört Nachkommen einer Maharadscha-Familie. Weil sie aber kein Geld für die Instandsetzung hatte, übernahm der Staat Verwaltung und Renovierung. Wem der Schatz nun gehört, ist unklar.

Schönster Schatzfund: der 30 Zentimeter große, goldene Lord Mahavishnu

Indien, Ganges
Für die Unsterblichkeit

49

Eine Kumbh Mela ist für Inder die heiligste Pilgerreise, für Fremde ist sie ein exotischer Jahrmarkt voller Freaks. Aus ganz Indien kommen bis zu 100 Millionen Menschen zum Ganges: heilige Männer aus ihren Höhlen und Einsiedeleien, Sadhus, Gurus, Yogis und Naga Babas. Sie sind nackt und beschmiert mit heiliger Asche, balancieren kunstvoll zu Türmen aufgerollte Haare auf dem Kopf als Zeichen langer Askese. Im dreijährigen Rhythmus wandert die Kumbh von einer heiligen Stadt zur nächsten: Allahabad, Haridwar, Ujjain, Nashik. Es geht um nichts Geringeres als um den Glauben an die Unsterblichkeit und ein von Sünden reinigendes Bad im Ganges.

Einmal im Leben müsse das jeder erlebt haben, sagen die Inder. Damit man die Kumbh auch als Fremder übersteht, ist es ratsam, sich einem ortskundigen Führer anzuvertrauen.

In Zahlen

Kumbh Mela: größtes Religionsfest der Welt, 100 Mio. Besucher in 2 Wochen • »Ananda in the Himalayas«, One-Bedroom-Villa, 200 qm, Privatpool, 40 qm, Butlerservice, 11 050 € pro Woche, www.anandaspa.com • Extra: Fertig-Cottages auf der Kumbh Mela, 3 Nächte für 200 €.

»Ananda in the Himalayas«: Yoga-Übungen entspannen vor der Kumbh Mela

Must-do auf Bali: Ein Tempelfest mit Opfergungen besuchen. Gibt es fast täglich auf Bali. Der Concierge weiß wo. Schildkröten freilassen im »Amannusa«. Tanah Lot. Ubud. Babi Guling essen.

Anreise 16 Flugstd. mit 1 Stopp ab Frankfurt (Singapore Airlines).

Info 10 der besten Luxus-Resorts: »Aman« 3 Resorts, www.amanresorts.com. »Four Seasons«, 2 Resorts, www.fourseasons.com. »Bulgari«, www.bulgarihotels.com. »Como«, www.comohotels.com. »Chedi«, www.ghmhotels.com. »Oberoi«, www.oberoihotels.com. »Kupu Kupu Barong« www.kupubarongubud.com

Als sei es ein Traum: der Mehrstufenpool im »Amankila«

Indonesien, Bali
Im Garten Eden

50

Keine Insel rund um den Globus hat eine größere Ansammlung an Weltklasseresorts als die Götterinsel an den Gestaden des Indischen Ozeans. Ob »Aman«, »Bulgari« oder »Como«, ob »Four Seasons«, »Oberoi« oder »Chedi« – fast alle großen Resortnamen sind vertreten und die Liste, sie alle aufzuzählen, würde mehr als diese Seite füllen.

Märchenhafte Atmosphäre und stilsichere Eleganz haben einen Resortnamen: »Amankila«, Balis Nummer eins. »Friedvoller Hügel« lautet die Übersetzung. Und läge dieser nicht auf der Götterinsel, wo die angestellten Balinesen ihr rituelles Leben mit ins Resort bringen, könnte man meinen, in einem autarken Raum gelandet zu sein. Es gibt Millionäre, die zwei Monate im »Amankila« bleiben und die sich am Ende artig bedanken, nachdem sie einen Scheck von weit mehr als 100 000 Euro unterschrieben haben. Abgesehen vom »Amankila« sowie dem exklusiven, aber nicht idealen »Bulgari«, dem sehr balinesischen »Oberoi« und wenigen anderen, findet man »The Best of the Rest« im Zentrum um Ubud, jenem Künstlerdorf, in dem der Maler Walter Spies oder die Schriftstellerin Vicky Baum lebten. Letztere verfasste dort ihren wunderschönen Roman »Liebe und Tod auf Bali«. Den Platz an der Sonne im Zentrum nimmt das »Four Seasons at Sayan« ein. Über eine bewegliche Brücke gelangt man zu dem flachen, kreisrunden Gebilde, über eine Wendeltreppe geht's nach unten, und schließlich betritt der Gast seine 200-Quadratmeter-Villa: mit offenem Wohnzimmer und privatem Pool – ein Luxusreich inmitten des friedlichen Ayung-Tals. Nur einen Steinwurf weiter liegen das »Amandari«, das »Kupu Kupu Barong«, 1986 der Türöffner aller Luxusresorts auf Bali, das »Como Shambhala«, »The Chedi« und etliche weitere Schmuckkästchen.

In Zahlen

Sehr unterschiedlich in der Ausstattung, aber ähnlich im Preis: Die Topresorts haben 30–60 Villen/Suiten und kosten in der Suite ab 500 € • teuerste Villen ab 2500 €, außer »Amannusa«, 6 Zi., und »Bulgari«, 1300 qm: je 6500 € • Extra im »Bulgari«: Heliflug über den Uluwatu-Tempel zu einem einsamen Strand, Champagner-Picknick, 1700 €.

51 Indonesien, Java
Magie der Steine

Lange Zeit war auf Java eine animistische Weltanschauung tief verwurzelt, bis diese vom Islam mehr und mehr unterbunden wurde. Dennoch blieb das Leben der Einheimischen bis heute eng verbunden mit seinen aktiven Vulkanen und dem Borobudur, einer der größten buddhistischen Tempelanlagen der Welt.

Die unteren Terrassen des Borobudur erzählen auf ihren Reliefs vom Alltagsleben und -leiden der Menschen. Je weiter man der Bildergalerie nach oben folgt, desto vergeistigter werden die Darstellungen: Am Gipfel sitzen 72 Buddhastatuen, in glockenförmigen Stupas in Meditation versunken. Man kann sie sehen oder eben auch nicht, denn der Vulkanstein ist wie ein Gitter durchbrochen, sodass die Figuren in einer Art Käfig sitzen. Der zentrale Stupa gibt den Blick ins Innere nicht mehr frei, ist reine Abstraktion und für Buddhisten Sinnbild des Nirwana. Shailendra-Herrscher hatten den Tempel im 8. Jahrhundert erbaut, verließen ihn aber, weil der nahe gelegene Vulkan Merapi die Gegend auch heute noch mit Ausbrüchen heimsucht. Der Borobudur geriet in Vergessenheit, bis der britische Gouverneur Raffels 1814 den überwucherten Berg freilegen ließ. Erst eines der größten Restaurierungsprojekte der Kunstgeschichte Ende des 20. Jahrhunderts sicherte das heutige Erscheinungsbild, galt es doch, mehr als zwei Millionen Steinquader und 500 Buddhastatuen zu katalogisieren. Vom »Amanjiwo Resort« hat man den schönsten Blick auf den Tempel. Luxuriöse 36 Suiten reihen sich stilvoll um eine Rotunde. Bei einem vom Resort organisierten Tempelbesuch außerhalb der Öffnungszeiten beginnt man ein wenig von der Spiritualität des Platzes zu erahnen, wie sie die Baumeister einst erdacht haben: als ewigen Kreislauf von Anfang und Ende.

In Zahlen

Borobudur: Mehr als 2 Mio. Steinquader, 5 km Flachreliefs auf 9 Stockwerken, 72 Stupas, mehr als 500 Buddhastatuen • »Amanjiwo«, Dalem Jiwo Suite, 2672 € pro Nacht • Extra: Borobudur zum Sonnenauf- oder -untergang ganz allein erleben: 98 €.

Buddha und Stupas: Borobudur.
Gebaut wie ein Tempel: »Amanjiwo«

ıst-do Borobudur außerhalb der Öff-
gszeiten besuchen. Tempel von Prambanan
ichtigen. Falls nicht gerade aktiv, die Vulkane
mo (2329 m) und Merapi (2914 m) besteigen.

ıreise Flug nach Jakarta ca. 19 Std. (Singa-
e Airlines).

Info Das »Amanjiwo Resort« hat 36 Suiten, die luxuriöseste ist die »Dalem Jiwo Suite« mit Butlerservice, Privateingang, 2 Schlafzimmern, einer klassischen Rotunde, Terrasse und 15 m Infinity-Pool aus grünen Javasteinen inmitten der Reisfelder. www.amanresorts.com

52 Japan, Tokio
Fisch auf den Tisch

In Zahlen

Fischmarkt: Blauflossenthunfisch 220 kg, 1,4 Mio. € • »The Peninsula«, größte Suite Tokios: »Peninsula Suite«, 347 qm, 14 565 € pro Nacht, www.peninsula.com • Extra: Sushi-Restaurants, 3 Michelin-Sterne: Sukiyabashi Jiro Honten, Sushi Saito, Menüs ab 251 €.

»Bauch von Tokio« wird er gern genannt, der größte Fischmarkt der Welt im Stadtteil Tsukiji. Und dieser Bauch verschlingt täglich knapp 2000 Tonnen Meerestiere. Bei einem Streifzug können Besucher hier jeden Morgen die Vorliebe der Japaner für Thunfisch sehen. Rekordpreis für einen stolzen 220 Kilogramm schweren Blauflossenthunfisch: 1,4 Millionen Euro. Es ist oberstes Gebot, dass roher Thunfisch, als Sashimi in dünne Scheiben geschnitten, oder als Sushi auf ein Reishäppchen gebettet, absolut frisch auf den Tisch kommt. Bis zu 20 Jahre dauert es, bis ein Koch die Weihung zum Sushi-Meister erfährt. Für die Zubereitung des tödlichsten aller essbaren Fische, dem Fugu, braucht aber auch er eine Lizenz, denn die Kunst liegt darin, den Fisch so gekonnt zu filetieren, dass der Gast den Verzehr auch überlebt.

Stilvoller, japanischer Minimalismus: das »Peninsula« in Tokio

Japan, Hakone
Kaiserlich entspannen

53

Eine der ältesten japanischen Übernachtungstraditionen sind sogenannte Ryokans. Typisch minimalistisch gestaltet, sind die Böden mit Tatami-Matten ausgelegt, die Schiebetüren mit Washi bespannt. Ein Aufenthalt im »Gôra Kadan«, der ehemaligen Residenz der kaiserlichen Kan'in-no-miya-Familie, im Nationalpark von Hakone ist einzigartig, denn hier bleiben Japaner gern unter sich. Als Mitglied der »Relais & Châteaux«-Hotels bürgt der gut gehütete Geheimtipp für höchste Standards. Unverwechselbar sind das sanfte Geräusch einer Schiebewand aus Reispapier, der Duft von Blumenweihrauch, die Köstlichkeiten der traditionellen Kaiseki-Küche und das Erfühlen von Seide. In der Region entspringen heiße Onsen-Quellen. Ein Bad ist umso entspannender, wenn man im Winter vom Tiefschnee-Skifahren vom Fuji kommt.

In Zahlen

»Gôra Kadan« in Hakone, 90 km südwestlich von Tokio, Annex Suite Kakou, 1270 € pro Nacht, www.gorakadan.com und www.relaischateaux.com • Extra: 11 Tage Skitourenreise zum Fuji von Diamir Erlebnisreisen inkl. Flug, 3590 € pro Person, www.diamir.de

Kaiserlich baden in heißen, vulkanischen Quellen

54 Kambodscha
Zauberwelt im Dschungel

Kambodschas Regenwald verbirgt nicht nur ursprüngliche Natur und Rückzugsorte wie die Privatinsel Song Saa, sondern auch ganze Zauberwelten aus Stein: die Tempel von Angkor Wat und Banteay Chhmar. Restauratoren haben die Anlagen von überwuchernder Vegetation befreit und kämpfen bis heute für den Erhalt des Erbes der Khmer-Könige.

Im unberührten Koh-Rong-Archipel von Kambodscha liegen zwei Inseln Seite an Seite im Ozean. Die Einheimischen nennen sie »Song Saa«, die Verliebten. Nur durch eine kleine Hängebrücke sind Koh Ouen und Koh Bong verbunden. Während die größere mit allen Annehmlichkeiten eines Luxusresorts ausgestattet ist und 27 private Overwater-, Beach- und Dschungel-Villen sowie Restaurants und Bars beherbergt, bleibt die kleinere Insel unberührt. Auf einem Spaziergang kann man hier ursprünglichen Regenwald entdecken. Das Resort »Song Saa Private Island« ist ein Rückzugsort mitten in der Natur, erbaut aus nachhaltigen Materialien, die im Design die schlichte Schönheit der Umgebung widerspiegeln, ohne dass man dabei auf Luxus verzichten müsste. Exklusiv ist auch das Ausflugsangebot zum Nationalsymbol von Kambodscha, der Tempelanlage Angkor Wat, die erst im 20. Jahrhundert von Erde und Vegetation befreit und restauriert werden konnte. Eine Privattour mit einem Archäologen gibt Einblick in die Kultur der Khmer und erlaubt auch einen Ausflug zum Tempel von Banteay Chhmar, 165 Kilometer weiter westlich, der in seiner Abgelegenheit ohne Helikopter nur sehr schwer zu erreichen ist. Während Archäologen hier noch immer an den Ausgrabungen arbeiten, kann man die Tempelruinen ganz individuell erkunden und anschließend in dieser zauberhaften Kulisse noch ein exklusives Picknick einnehmen.

In Zahlen

Angkor Wat: frühes bis mittleres 12. Jh., 240 km nordwestlich von Phnom Penh • Banteay Chhmar, Ende 12. Jh., 165 km westlich von Angkor Wat • Komplettmiete »Song Saa Island« mit Staff: 50 600 € pro Nacht • Extra: Helikoper-Shuttle zu den Tempeln Angkor Wat und Banteay Chhmar für max. 6 Pers, 9000 € je Ausflug.

Von Angkor Wat zum Picknick an den Strand von Song Saa Island

\[M]ust-do Die Tempelanlagen von Angkor \[W]at und Banteay Chhmar mit einem Archäolo\[g]en besuchen. Die Korallenriffe und den Regen\[w]ald der Inselwelt erkunden. Privates Dinner \[u]nterm Sternenhimmel.

\[A]nreise nach Phnom Penh: 16 Flugstd. (Lufthansa, Etihad). Transfer mit Speedboot, 3,5 Std.

Info »Song Saa Private Island«: 27 private Overwater-, Beach- und Dschungel-Villen mit Infinity-Pool sowie Restaurants und Bars. Viele Möbel sind aus recycelten Fischerbooten der Region gefertigt. www.songsaa.com

»Coco Privé«: das eigene Inselreich.
»Conrad«: heiraten unter Wasser

Must-do Mit dem Boot zum Schnorcheln oder Tauchen fahren, Picknick auf einer Sandbank. Schuhe im Schrank lassen. Sterne ohne Lichtverschmutzung betrachten.

Anreise Flug nach Malé 10,3 Std. (Condor, Etihad Airways).

Info »Coco Privé« auf Kuda Hithi Island, Nor
Malé-Atoll. www.cocoprive.com, buchbar über
www.vladi-private-islands.de. »Conrad« auf Ra
gali und Rangalifinolhu Island im Süd-Ari-Atoll
mit 50 Bungalows und 79 Villen, 11 Restaurant
Käsebar, Weinkeller. www.conradmaldives.com

Malediven
Meine Spuren im Sand 55

Hotelinseln auf den Malediven sind meist sehr fein, aber eben auch sehr klein. Schon in wenigen Minuten hat man sie zu Fuß umrundet. Wie schön, wenn man seine Urlaubsinsel da ganz für sich alleine hat und sie nicht noch mit anderen Gästen teilen muss: Meine Insel, meine Villa, mein Pool, mein Strand und meine Jacht.

Die Trennung von Einheimischen- und Hotelinseln ist auf den Malediven gewollt. In dem islamischen Inselstaat gibt es 1196 Inseln, von denen 220 ausschließlich von Einheimischen bewohnt und weitere 87 für touristische Zwecke genutzt werden. Während Touristen nur bedingt Zutritt zu Inseln der Einheimischen haben, beispielsweise auf Ausflügen, sind Malediver nur als Personal auf den Touristeninseln zugelassen. Auf der Hauptinsel Malé leben auf 5,7 Quadratkilometern mehr als 134 000 Menschen, das ist etwa ein Drittel der Bevölkerung. Wesentlich freiräumiger geht es etwa 30 Kilometer von Malé entfernt auf Kuda Hithi Island im Nord-Malé-Atoll zu, denn hier liegt eine der exklusivsten Privatinseln der Welt: Coco Privé. Für 180 000 Euro kann man die komplette 1,4 Hektar große Insel, sechs Villen mit Pool und privatem Koch für eine Woche zu seinem persönlichen Reich erklären und entspannt in den Tag hineinleben. Beim Strandspaziergang wird man alsbald feststellen, dass die meisten Inseln nur etwa einen Meter über dem Meeresspiegel liegen und lediglich die Riffe Schutz vor Überflutung bieten. Damit man auf den Malediven weder kalte noch nasse Füße vor dem Heiraten bekommt, hat sich das »Conrad« auf Rangali Island im Süd-Ari-Atoll eine ungewöhnliche Zeremonie einfallen lassen. Fünf Meter unter der Meeresoberfläche ist man im voll verglasten Unterwasserrestaurant umgeben vom Korallenriff. Einzige Trauzeugen: die Fische.

In Zahlen

Malediven: 1196 Inseln • Höchste Erhebung: Vilingilli Island, 2,4 m • Inselmiete »Coco Privé« mit Vollpension für max. 12 Gäste: 180 000 € pro Woche • Extra: Jachtmiete 10 000 € pro Tag • »Sunset Water Villas«: Conrad-Overwaterbungalow, 5660 € pro Nacht • Extra: Hochzeit im Unterwasserrestaurant, 2100 €.

56 Nepal, Mount Everest
Aufs Dach der Welt

Der Mount Everest ist mit 8848 Metern der höchste Berg der Welt. Mehr als 900 Bergsteiger versuchen ihn jedes Jahr zu erklimmen. Die Nordroute stellt den objektiv sichersten Anstieg dar und ist deutlich weniger frequentiert als die Südseite. Erstmals bietet der DAV Summit Club eine Besteigung des Rekordberges als Gruppentour an.

Der Schnellste, der Jüngste, der erste Blinde. Bisweilen nimmt sich die Rekordjagd auf den höchsten Berg der Welt recht bizarr aus. Dabei gibt es ganz oben weder einen Schatz zu entdecken, noch sind einem dort die Götter besonders hold. Eine Besteigung des Mount Everest gilt technisch nicht als extrem schwierig, und das ist gleichsam das Problem. Inzwischen versuchen mehr als 900 Bergsteiger jedes Jahr, den Gipfel zu erreichen, mit Begleitpersonal sind gut 3000 Menschen rund um die Spitze unterwegs. Seit der Erstbesteigung 1953 standen mehr als 4000 Menschen auf dem höchsten Punkt der Erde und mehr als 400 starben beim Versuch dazu. Denn nicht jeder, der nach oben will, hat ausreichend Erfahrung. Deshalb ist es wichtig, sich an einen professionellen Veranstalter wie den DAV Summit Club zu wenden, der erstmals eine 59-tägige Gruppentour in kleinem Kreis anbietet. Die Route führt über die tibetische Nordseite des Everest bis ins vorgeschobene Basislager auf 6400 Meter, von wo aus zur Akklimatisierung mehrere Touren in die Hochlager 1 und 2 auf 7000 und 7600 Meter unternommen werden. Bis zu 20 Tage kann das Warten auf das passende Wetterfenster für den eigentlichen Aufstieg dauern. Diesen unternimmt ab 7500 Meter jeder selbst mit Sauerstoff und einem persönlichen Sherpa. Die Expedition wird von einem Everest-erfahrenen, staatlich geprüften Berg- und Skiführer geleitet. Nur den Gipfel muss jeder ganz allein bezwingen.

In Zahlen

Mount Everest: 8848 m • Erstbesteigung: 29.05.1953 • Ältester Gipfelstürmer: 80 Jahre, jüngster: 13 Jahre • Schnellster Aufstieg: 24.05.1996, 16 Std. 45 Min • Längster Gipfelaufenthalt: 06.05.1999, 21,5 Std. • Die meisten Besteiger an einem Tag: 23.05.2001, 89 • Erster Blinder auf dem Gipfel: 25.05.2001.

lust-do Erfahrenen Veranstalter wählen, edizinische Check-ups, optimale Trainingsvorereitung, nie unter Zeitdruck handeln, kein Riko eingehen, keinen Müll zurücklassen.

nfo 59-tägige Reise, Everestbesteigung inkl. ug (Etihad Airways) nach Kathmandu (ca. 14 Std.), Komplettorganisation mit Unterkünften (davon 45 Nächte im Zelt), Basislager- und Hochlagerausstattung und Sherpas für den Gipfelaufstieg. Besteigung ist wetterbedingt nur Ende April bis Ende Mai möglich, ab 38 490 € pro Person. www.dav-summit-club.de

Blick aus der Paraglider-Perspektive.
Das Private Reserve in der Zighy Bay

Must-do in Musandam: Uhr ablegen oder wenigstens um 1 h vorstellen für mehr Tageslicht (»Six Senses«-Tradition). Dhau-Fahrt und Tauchen im Golf von Oman. Die Schmuggler von Khasab beobachten: Jeden Morgen kommen 100 Schnellboote aus dem Iran. Meze essen.

Anreise nach Musandam: 6 Flugstd. nach Muscat (Oman Air) oder Dubai (Lufthansa) unc 6 Autostd. von Muscat oder 2 von Dubai.

Info Private Retreat im »Six Senses Hideawa Resort & Spa« mit privater Sauna, privatem Gy eigenem Weinkeller. www.sixsenses.com

Oman, Zighy Bay
Reiseziel Ruhe

57

In Musandam, dem nördlichsten Zipfel des Oman, liegt ein Resort, abgeschieden wie eine Enklave in einer fremden Welt, eigenwillig mit rustikalem Baustil, aber trotzdem luxuriös und auf Weltklasseniveau. Es ist das »Six Senses Zighy Bay«. Schon die Anreise hat es in sich.

Wer von der omanischen Hauptstadt Muscat nach Musandam fährt, muss zunächst in die Vereinigten Arabischen Emirate und dann wieder in den Oman einreisen, denn Musandam ist eine omanische Enklave – und Zighy Bay die Enklave in dieser Enklave. Nur eine Sackstraße führt hin. Und das Resort liegt versteckt wie ein Piratennest. Die Entscheidung, einen 4WD-Jeep gemietet zu haben, erweist sich jetzt als nützlich. Nach den bestens ausgebauten Straßen seit Muscat wird das Finish zum Abenteuer. Die Schotterstraße windet sich steil über die bis zu 2000 Meter hohen Ausläufer des Hadjar-Gebirges. Aber das Hotel bietet ja drei Anreisemöglichkeiten: mit dem Auto, einem Schnellboot oder Huckepack auf dem Rücken eines Profi-Paragliders … Die Betreiber wissen genau, wie man die spektakuläre Lage am besten in Szene setzen kann. Und wenn »Six Senses« das Prädikat »Hideaway« vergibt, dann darf man immer auch ein Versteck erwarten. Von der Passhöhe aus gesehen erinnert das Resort an der sichelförmigen Zighy-Bucht zwar zunächst eher an ein Militärcamp als an ein Hideaway Resort. Doch erst einmal angekommen, erkennt der Gast den puren Luxus auf natürlicher Basis: Alles ist in Erdfarben gehalten und wie eine Oase angelegt. 1200 Dattelpalmen spenden den 82 Natursteinvillen und den dazugehörenden privaten Pools Schatten. Alle Villen sind so gebaut, dass die größtmögliche Privatsphäre gegeben ist. Denn am Ende zählt dort nur eines: Ruhe. Ruhiger. Zighy Bay.

In Zahlen

Die beste Villa heißt Private Reserve, 3000 qm auf 2 Etagen, direkt am Meer, 11 500 € pro Nacht, inkl. privatem 17-m-Pool • Insgesamt 82 Villen mit mind. 21 qm großen Privatpools • Extra: Anreise Huckepack per Paraglider. Dabei zurückgelegte Höhenmeter: 293.

58 Papua-Neuguinea
Land der Paradiesvögel

Viele Volksstämme in Papua-Neuguinea leben noch nach alten Mythen und Legenden ihrer Vorfahren. Im Hochland treffen sich jedes Jahr 1000 Klans aus allen Teilen des Landes zu einem Festival. Von früheren australischen Verwaltern stammte die Idee, mit diesem bunten Spektakel die Aggressionslust der kriegerischen Hochländer zu kanalisieren.

Besucher in Papua-Neuguinea sind Zeitreisende in eine archaische Vergangenheit, die ein wenig davon preisgibt, wie wir wurden, was wir heute sind. Erst 1933 drangen australische Abenteurer auf der Suche nach Gold ins Hochland Papuas vor. Niemand hatte vermutet, dass dort mehr als eine Million Menschen lebten, die noch nie Weiße gesehen hatten. Der erste Kontakt stürzte die Hochländer in völlige Verwirrung, sie hielten die Fremden zunächst für Ahnengeister. Aberglaube und unterschiedliche Besitzansprüche geben bis heute Anlass zu gewaltsamen Klankämpfen. Um diese Aggressionslust besser zu kanalisieren, hatten die ehemaligen australischen Verwalter die Idee eines ästhetischen Wettkampfes. Heute dienen Hochland-Festivals vornehmlich dem Austausch zwischen den Klans und dazu, die Traditionen zu bewahren. Sie sind farbenfroh wie kaum ein anderes Folklorefest, auch wenn sich bisweilen als Trophäen Kugelschreiber und Cola-Dosen in die Kostüme verirren. Vornehmlich tragen die mehr als 1000 Teilnehmer aber Federn prächtiger Paradiesvögel, schmücken sich mit Eberzähnen oder mit Muscheln, so groß wie Kuchenteller. Und Muscheln sind wertvoll. Die Tolai Exchange Bank ist die einzige Bank der Welt, die noch immer Muschelgeld in harte Währung wechselt. Doch die Steinzeit ist auch in Papua-Neuguinea längst zu Ende. Denn wenn die Tänzer ihre Kostüme ablegen, ziehen auch sie Jeans und T-Shirts an.

In Zahlen

Verschiedene gesprochene Sprachen in Papua, der zweitgrößten Insel der Welt: 800 • Erster Kontakt der Hochländer zu Weißen: 1933 • 13-tägige Studienreise mit Festival in Mount Hagen und Goroka, Studiosus, 7890 € pro Person • Extra: Aufpreis für Business-Class-Flug: 3810 €.

Masken sind Mythen und Münzen dem Muschelgeld nachempfunden.

lust-do Landestypische Gerichte wie ge-
illte Sagomaden oder Krokodilfleisch probie-
n. Handgefertigte Masken und Schnitzkunst
werben (Artenschutzabkommen beachten). Im
lbstversuch auf einem Markt mit Muschelgeld
hlen. Tanzshows im Hochland besuchen.

Anreise Flug nach Singapur 12 Std. (Singapore Airlines), weiter nach Port Moresby 6,5 Std. (Air Niugini).

Info Die Reise umfasst den Sepik River, Madang und den Bismarck-Archipel, das Hochland mit Mount Hagen und Goroka. www.studiosus.com

Speisen im reinen Business-Class-Jet.
Der neue Hamad International Airport

Must-do in Doha: Corniche-Bummel. Blick vom Aspire Tower, 300 m. Im Al-Ahli-Stadion schon jetzt Fußball-WM 2022 schnuppern. Erst Mezze essen und dann Wasserpfeife rauchen, im Souk Waqif.

Anreise nach Doha: ca. 6 Flugstd. bis zum neuen Hamad International Airport, 10 km öst vom Zentrum (Qatar Airways).

Info Qatar Airways ist eine der am schnellst wachsenden Fluggesellschaften weltweit. www.qatarairways.com.
Skytrax: www.airlinequality.com

Qatar, Qatar Airways
Im siebten Himmel

59

Der Wettkampf der Fluggesellschaften um die Gunst der Passagiere ist enorm. In den letzten Jahren fand in Sachen Qualität sogar ein Machtwechsel statt. Die Airlines der Golfstaaten übertrumpften dabei erst die Kollegen aus Südostasien und nun sich gegenseitig. Im Gesamtkonzept hat die erst 1993 gegründete Qatar Airways die Nase vorn.

Taittinger also, richtig gekühlt auch noch, denn gerade beim Start bekommt der Tausende von Euro zahlende Fluggast recht häufig nur Champagner auf Zimmertemperatur, weil gerade erst geliefert. Auch das Raumgefühl in der Boeing 787, dem Dreamliner, ist angenehm, freundlicher, geräumiger. Denn neben technischen Innovationen bietet dieser Jet deutlich mehr Passagierkomfort: Er hat die größten Fenster, Tagesabläufe werden per Leuchtdioden simuliert (gut gegen Jetlag), die Luftfeuchtigkeit ist zehn Prozent höher (hilft gegen das Austrocknen). Und schließlich gibt es auf der Toilette sogar ein Fenster … Der tadellose Service, hohes kulinarisches Niveau mit bestem Tischgedeck und Porzellan, kuscheligen Schlafanzügen fürs flache Bett und ein gutes Entertainment-Angebot komplettieren das Fünf-Sterne-Gefühl. Dabei geht es bei diesen Zeilen nur um die Business-Class, die allerdings das Niveau einer First erreicht. Etihad (VAE) mag in der First-Class mit The Residence, einer Suite mit Schlafzimmer, Wohnraum und Bad, derzeit das Beste am Himmel anbieten, aber das Gesamtkonzept von sehr guter First-, bester Business- und bester Economy-Class, dazu reinen Business-Class-Jets sowie dem Handling und den Umsteigeprozessen am Boden im Hub Doha ließen Qatar Airways in den letzten vier Jahren zweimal den ersten und zweimal den zweiten Platz bei den Skytrax-Wahlen zur Airline des Jahres belegen.

In Zahlen

Qatar Airways: 130 Flugzeuge, u.a. A 380 und B 787 • Bestellungen: 280 Jets • Destinationen: 140 • Mitarbeiter: 19 000 • First-Class London–Doha–Melbourne return: 8500 € • Extra: Skytrax befragt jährlich knapp 20 Mio. Passagiere aus mehr als 100 Ländern für den World Airline Award.

60 Singapur
Cool, der Pool

Zum Luxus gehört immer auch das Exklusive: Etwas zu tun, was nur die wenigsten machen können, wie etwa im höchsten Hotelaußenpool zu schwimmen und dabei einen atemberaubenden Skyline-Blick zu genießen. Das »Marina Bay Sands Hotel« in Singapur bietet diesen einmaligen Genuss. Aber im legendären »Raffles« nächtigt man weit feudaler.

Wer Höhenangst hat, sollte es besser bleiben lassen. 57 Stockwerke über dem Eingang, auf 200 Metern Höhe liegt er: der welthöchste Außenpool – und gleich dazu auch einer der längsten. Wer darin schwimmt, spürt manchmal dieses eigenartige Gefühl im Bauch, als ob einen irgendetwas nach unten zieht. Der »Marina Bay Sands«-Pool wurde von dem Architekten Moshe Safdie geschickt mit Überlauf angelegt: Es ist ein sogenannter Infinity-Pool. Drei Türme halten den knapp 350 Meter langen Dachgarten mit Becken und den knapp 1500 Kubikmetern Wasser darin zusammen. Bewegungsfugen mit 50 Zentimetern Breite gleichen die vom Wind verursachten Bewegungen der Türme aus, die in dieser Höhe normal sind.

Vis-à-vis ragen mehr als ein Dutzend Hochhäuser in den Himmel, zum Teil auch über das »Marina Bay Sands« hinaus. Und man selbst planscht im Pool: ein irres Gefühl! Schmächtig, fast geduckt zeigt sich dagegen das nahe gelegene, beste Haus am Platz. Das »Raffles« ist eine jener asiatischen Hotellegenden, in der Geschichte und vielen Geschichten geschrieben wurden. In der Sir Stamford Raffles Presidential Suite bestimmen Teakholz und orientalische Teppiche sowie die private Veranda das Bild. Eine Übernachtung kostet stolze 5900 Euro. Dafür könnte man in einem Standardzimmer im »Marina Bay Sands« 25-mal übernachten und jeden Tag auf 200 Metern schwimmen gehen. Denn Zutritt zum Pool haben nur Hausgäste.

In Zahlen

»Marina Bay Sands«-Pool: 57. Stock, 200 m hoch, 150 m lang, 1,5 Mio. l Wasser, DZ 235 € pro Nacht • »Raffles«: 1887 eröffnet, bewohnt und beschrieben von Somerset Maugham, Rudyard Kipling, Ernest Hemingway, Alfred Hitchcock. Sir Stamford Raffles Suite, 260 qm, 5900 € pro Nacht.

200 Meter über dem Boden schwimmen. Im »Raffles« wohnen

lust-do in Singapur: Sir Raffles an der Lan-
ng Site die Ehre erweisen. Chinatown und
ttle India besuchen. Shopping auf der Orchard
oad. Saté mit Erdnusssauce am Netwon Circus
sen. In der »Long Bar« einen Singapore Sling
inken, wo er 1915 erfunden wurde.

Anreise nach Singapur: 12 Flugstd. ab Frankfurt (Singapore Airlines).

Info Weitere Top-Suiten: Penthouse Suite im »Fairmont«, 2700 € pro Nacht, Präsidenten-Suite im »Mandarin Oriental«, 2350 € pro Nacht. www.marinabaysands.com und www.raffles.com

Drei Tonnen Lebendgewicht: ein Ausflug der besonderen Art

Must-do in Bangkok: Mit dem »Peninsula«-Tuk-Tuk eine Stadtrundfahrt machen. Wat Phra Kheo und den Buddha von Wat Indraviharn besuchen. Sonnenuntergangs-Bootsfahrt auf dem Chao Phraya. An einer Garküche Khao Phad Gung essen, gebratener Reis mit Krabben.

Anreise nach Bangkok: 11 Flugstd. ab Frankfurt (Qatar Airways).

Info »The Peninsula Bangkok« mit 5 Restaurants, Spa, 60-m-Pool, Helikopter-, Rolls-Royce und BMW-7er-Service. www.peninsula.com

Thailand, Hua Hin
Elefant im Weinberg

61

In Bangkok die Präsidentensuite beziehen und einen Ausflug machen, der es in sich hat: Als Transportmittel stehen ein Helikopter, ein 7er-BMW und ein Elefant zur Verfügung. Es geht in keinen Porzellanladen, aber dafür in die Weinberge. Und zwar nicht in Franken, in der Toskana oder im Bordeaux, sondern in Hua Hin.

Warum geht man mit einem Elefanten in die Weinberge? Die Antwort liegt offensichtlich nicht auf der Hand, denn es wird eine Reihe von Gründen vorgetragen: Der Elefant ist ein Glücksbringer, er wird in Tempeln verehrt und von den Menschen als ehemaliger Kämpfer in den Kriegen gegen Burma hoch geachtet. Er war ein unermüdlicher Arbeiter in den Wäldern. Doch seit 1989 darf im Königreich kaum noch gerodet werden. Deshalb gibt es nur noch 3000 von einst 100 000 Arbeitselefanten. Der Rest ist arbeitslos. Auch Phuang Whan wäre ohne Arbeit, wenn er nicht Touristen durch die Hua Hin Vineyards schaukeln würde. Phuang Whan muss sich sein Fressen verdienen. Drei Tonnen Lebendgewicht wollen pro Tag mit rund 200 Kilogramm Grünzeug gefüttert werden.

Phuang Whan nimmt zunächst mal einen kräftigen Schluck Wasser – pro Rüsselfüllung 15 Liter – und dann gibt's das Festtagsmenü mit Ananas, Papaya und Wassermelone zur Vorspeise, Zuckerrohr und Kokosnussblätter als Hauptgericht und frische Bananenstauden zum Dessert. Die Gäste bekommen Krabbensalat mit Avocado, ein Filet vom australischen Rind, das 240 Tage ausschließlich mit Getreide gefüttert wurde, sowie Himbeer-Fingerbiskuits mit Limettencreme. Der Küchenchef des »Peninsula« in Bangkok stand dafür am Herd und wählte jeweils den passenden thailändischen Wein dazu aus. Übrigens alle gut trinkbar.

In Zahlen

Peninsula Suite: 364 qm im 37. Stock • 3300 € pro Nacht, inkl. Marmorbad, Whirlpool, Gym • Extra: Tagesausflug per Heli nach Hua Hin, Transfers mit 7er-BMW, Elefantenritt durch das dortige Weinanbaugebiet, Menü mit begleitenden Weinen, Gourmet-Futter für den Elefanten, 6600 € für 2 Pers.

62 Thailand, Phuket
Wo alles begann

Phuket ist mit seinen verlockenden weißsandigen Badestränden ein Ferieneldorado für alle, um nicht zu sagen: ein Massenziel. Aber es haben sich auch Klasseresorts angesiedelt. Sechs von ihnen spielen in der Weltliga, und eines gilt als die »Mutter aller Resortvillen« mit privaten Pools: das »Amanpuri« am Pansea Beach.

Wer zupft einen? Ist das alles wahr? Vor dem Schlafzimmer liegt der nicht einsehbare Privatpool, umrankt von Bananenstauden, Palmen, Orchideen. Inselfeeling? Braucht man im »Trisara« nicht. Die eigene Villa samt Pool, das ist die Insel, die Luxusoase – der Traum … So oder so ähnlich ergeht es einem aber auch im »Banyan Tree« oder »Anantara« mit klassisch thailändischen Villen, im hypermodernen »Iniala«, nördlich von Phuket, im auf der Insel Yao Noi vorgelagerten und auf Eco ausgerichteten »Six Senses« und natürlich im »Amanpuri«. Denn seinen Weltruhm verdankt Phuket nicht nur den feinen, flach abfallenden Sandstränden Patong, Karon und Kata, Kamala, Surin und Bang Tao, sondern auch – dem »Aman«. Der Gründer Adrian Zecha wollte eigentlich nur ein Gästehaus bauen: ausschließlich für Freunde und Leute, die normale Hotels nicht mögen. 1988 wurde die Stilikone geschaffen und setzt seitdem die Maßstäbe für Luxusresorts und perfekten Service. Am Strand wird sofort die Liege mit Kopfkissen hergerichtet, werden Eiswasser und Eistuch gereicht, dazu Obstspieße oder die »Herald Tribune«. Wandert die Sonne, wandert der Sonnenschirm mit. Dafür sorgen Beachboys. Inzwischen wird die Villa perfekt getrimmt. Wie ein Geisterservice agieren die Zimmermädchen: nie sichtbar, aber im Ergebnis immer präsent. Und auf dem Ponton im Meer findet der Gast nicht nur kühles Mineralwasser, sondern auch Brot – zum Fischefüttern …

In Zahlen

»Amanpuri«: 13 850 € • »Six Senses«: 7200 € • »Trisara«: 6500 € • »Iniala«: 4750 € • »Anantara«: 2000 € • »Banyan Tree«: 1500 €, jeweils die besten Resortvillen mit Privatpool pro Nacht • Extra im »Six Senses«: »My Mayavee 60«: 19-m-Motorboot mit 3-Mann-Crew, 4500 € pro Tag.

ust-do in Phuket: Bootsausflug in die ng-Nga-Bucht machen. Tempel Wat Chalong. nenuntergang am Kap Laem Promthep. Nacht-en von Patong. Frischer Fisch im Strandlokal.

reise nach Phuket: 11 Flugstd. ab Frank- (Condor).

Info »Amanpuri«: Top-Service, www.amanresorts.com. »Trisara«: max. Privatsphäre, www.trisara.com. »Six Senses«: 1A-Lage, www.sixsenses.com. »Iniala«: viele Inklusivleistungen, www.artoftravel.de. »Banyan Tree«, »Anantara«: gutes Preis-Leistungs-Verhältnis, www.banyantree.com und www.phuket.anantara.com

Das »Emirates Palace« bietet Superlative. Und einen Goldautomaten …

Must-do in Abu Dhabi: Die schneeweiße Scheich-Zayed-Moschee besuchen. Capital Gate Tower, 18 Grad Neigung, schiefster Turm der Welt, ansehen. Mit einem Aston Martin auf der Formel-1-Strecke fahren. Am Goldautomaten im »Emirates Palace« ein Goldstück ziehen. Im »Atayeb« auf Yas Island arabisch essen.

Anreise 6 Flugstd. ab Frankfurt (Etihad).

Info »Kempinski Emirates Palace«: 10 Resta
rants, Poollandschaft, im Sommer gekühlt, 17 Luxusboutiqen. www.emiratespalace.com

VAE, Abu Dhabi
Etage 8 ist unbezahlbar 63

Abu Dhabi hat einen Riesensprung gemacht: Vor 50 Jahren noch Fischer, Perlentaucher und Beduinen, sind die Einheimischen heute, dank des Öls, reiche Leute. Als Ausdruck dessen wurde 2005 das flächenmäßig größte Hotel der Welt gebaut, das »Kempinski Emirates Palace«, dessen beste Suiten für kein Geld der Welt zu haben sind.

Robert Redford kommt vom Haupteingang herein. Seine Butlerin Hayzel Ramos, 27-jähriges Ex-Model von den Philippinen, und ihre Kolleginnen stehen Spalier. Direktor Holger Schroth begrüßt den Star. Während sein Vize im Büro, wie seit Tagen schon, den nächsten Staatsbesuch vorbereitet – einen von 20 Staatsvisiten pro Jahr. Im »Kempinski Emirates Palace« von Abu Dhabi vergeht kaum eine Woche ohne große Namen.

Bei Stock acht besagt das Liftschildchen unscheinbar »Rulers Suites«. Kein öffentlicher Aufzug hält dort und auch über die Treppe bleibt Normalsterblichen Etage 8 versagt. Dort sind sechs Rulers Suites untergebracht: Je eine für die Emire der Golf Council Countries, für deren Treffen der Palast erbaut wurde. Erst später kamen zwei Flügel für Hotelgäste dazu. Die Logistik ist so gut und das Gebäude so groß, dass der Kunde gar nicht merkt, wenn ein Staatsbesuch im Haus ist.

Durch den Triumphbogen, der fast so groß ist wie in Paris, rollen die Staatslimousinen auf einer Rampe bis in die vierte Etage und von dort kommen Angela Merkel und Co. in einem separaten Aufzug in die Suiten der Emire. Diese können für kein Geld der Welt gebucht werden. Nur Staatsgäste werden in diese Suiten eingeladen: Präsidenten, Premierminister, Kanzler. Sogar Bernie Ecclestone, der die Formel 1 nach Abu Dhabi brachte, musste mit einer der drei buchbaren Palace-Suiten darunter vorliebnehmen. Gleiches gilt für Robert Redford.

In Zahlen

Palace Suite: 680 qm, 11 000 € pro Nacht • Hotel: 302 Zimmer, 92 Suiten, 243 000 qm groß, 715 m lang, 2,5 km Umfang • 1,3 km Privatstrand • Baukosten: 2,3 Milliarden € • 1000 Angestellte aus 50 Ländern • 128 Küchen • 1000 Kronleuchter • Juwelen für 8 Mio. € hängen am Weihnachtsbaum • 6000 € monatl. für Blumen.

64 VAE, Liwa-Oase
Das »Leere Viertel«

Die Liwa-Oase ist das Tor zur größten Sandwüste der Welt. Sie ist auch die ursprüngliche Heimat der heutigen Herrscherfamilien von Abu Dhabi und Dubai. Ihre Entdecker durchquerten sie mit Kamelen. Nach Abenteurern und Ölsuchern kommen nun Touristen, um in der Abgeschiedenheit Kraft zu tanken.

Auf der Suche nach der eigenen Identität kann man sich nirgendwo besser verlieren als in der Rub al-Khali, der größten zusammenhängenden Sandwüste der Welt: 780 000 Quadratkilometer, eine Fläche, die eineinhalb Mal so groß ist wie Spanien. Nirgends Menschen. Nur Sand, überall Sand. Die Liwa-Oase ist das Tor zu diesem sogenannten »Leeren Viertel«, das auf Arabisch Rub al-Khali heißt. Der britische Diplomatensohn Wilfred Thesiger durchquerte in der Nachkriegszeit als dritter Europäer dieses Viertel. Bevor er mit seiner Kamelkarawane in Liwa ankam, enthielten die Landkarten über diese Gegend nur leere Flächen. 2009 eröffnete Scheich Khaifa in der Liwa-Oase eine der spektakulärsten Hotelanlagen des Emirats: den Palast der Fata Morgana, arabisch »Qasr Al Sarab«. Das Resort erinnert mit seinen sandfarbenen Zinnen und Windtürmen an die traditionelle Lehmbauweise der Emirati-Architektur. Eingebettet in die Dünenlandschaft, liegen, nur einen Kilometer von der »Qasr Al Sarab« entfernt, die »Royal Pavilion Villas«, zehn elegante Poolvillen und eine Hauptvilla die man als komplettes Ensemble mieten kann. Es ist keine Fata Morgana, dass reichlich Wasser in Springbrunnen und Swimmingpools plätschert und die Dünen direkt bis vor die Haustür reichen. Der Wind hält den Sand unablässig in Bewegung. »Singing sands« nennen die Beduinen das, wenn der Wind Musik macht, indem er die feinen Sandkörner aneinanderreibt.

In Zahlen

Rub al-Khali: mit 780 000 qm die größte zusammenhängende Sandwüste der Welt • Temperaturen: von nachts 0 °C bis tagsüber 60 °C • »Royal Pavilion Villas« inkl. Vollpension und 2 Ausflügen, 12 000 € pro Nacht Exklusivmiete • Extra: Helikopter-Transfer für max. 6 Pers. von und nach Abu Dhabi, 18 000 €.

Inmitten der größten Sandwüste der Welt: »Qasr Al Sarab«

ıst-do Zum Sonnenuntergang auf Kamein die Wüste, auf Pferden zur Falkenjagd reiund ein Poolbad inmitten der Dünen men.

reise Direktflug nach Abu Dhabi 6 Std. nad Airways), weiter mit dem Wagen oder Limousinentransfer 2 Std. auf einer vierspurig ausgebauten Schnellstraße: hin und zurück 346 €.

Info Zur »Qasr Al Sarab Desert Resort by Anantara« gehören die »Royal Pavilion Villas« mit 1 Haupt- und 10 Poolvillen. www.royalpavilionvillas.com und www.qasralsarab.anantara.com

Hochzeit in 212 Metern Höhe auf dem Helipad des »Burj Al Arab«

Must-do Auf dem höchsten Bauwerk der Welt stehen: Burj Khalifa, 828 m. Dinner-Dhau-fahrt auf dem Creek, Besuch des Old Souk. Shoppen in den größten Einkaufszentren der Welt: Dubai Mall, 350 000 qm und Mall of the Emirates, 223 000 qm mit Zugang zu einer Skihalle.

Anreise nach Dubai: 6 Std. (Lufthansa).

Info »Burj Al Arab«, acht Hotelrestaurants: »Al Mahara« ist umgeben von einem riesigen Meeresaquarium und nur mit simulierter U-B Fahrt zu erreichen, 4 Pools, Privatstrand. www.jumeirah.com/de

VAE, Dubai
Zurück in die Zukunft 65

Als gäbe es eine Zeitmaschine, steigen die Bewohner von Dubai ohne Probleme vom Kamel in die Luxuskarosse oder vom Beduinenzelt in ihre Wolkenkratzersuite um. Die Emiratis haben der Wüste ein Schnippchen geschlagen und daraus eine künstliche Hightech-Region entwickelt, die ihnen eine Zukunft ohne Öl sichern soll.

Mit dem »Burj Al Arab« wollte sein Erbauer, Scheich Muhammad bin Raschid Al Maktum, ein Zeichen setzen. Schließlich war der »Turm der Araber« mit seinen 321 Metern nicht nur eines der höchsten Hotels der Welt, sondern mit geschätzten Baukosten von 1,5 Milliarden US-Dollar auch eines der teuersten und luxuriösesten. Wegen seines segelförmigen Aussehens, das an arabische Dhaus erinnern soll, wurde es zu einem Wahrzeichen Dubais. Außen minimalistisch und westlich anmutend, ist das Luxushotel im Inneren um so opulenter und farbenprächtiger nach orientalischem Geschmack gestaltet. 13 000 Kubikmeter Carrara-Marmor, 32 000 Kubikmeter italienisches Mosaik, 8000 Quadratmeter Blattgold und eine Möblierung, die König Ludwig II. nicht bombastischer hätte ersinnen können. Solche Ausstattung lässt selbst die Scheichs staunen und ist für manchen Europäer gewöhnungsbedürftig. Mindestens acht Mitarbeiter betreuen eine der 202 doppelstöckigen Suiten, wovon die 780 Quadratmeter große »Royal Suite« die luxuriöseste ist. Sie verfügt über zwei Schlafzimmer mit einem drehbaren Bett, Whirlpool, Privatkino, Privataufzug und Butler-Service. Dazu ein separates, voll ausgestattetes Büro mit 24-Karat-Gold-iPad. Wem bei dem Angebot noch nicht schwindlig ist, der kann sich vielleicht auf den Helikopterlandeplatz in 212 Metern Höhe begeben, wo schon Tennis gespielt und geheiratet wurde.

In Zahlen

»Burj Al Arab«: 70 000 m^3 Beton, 43 000 qm Glas, 9000 t Stahl, 3 000 m^3 Carrara-Marmor, 12 000 m^3 brasilianischer Granit, 32 000 m^3 italienisches Mosaik und 8000 qm Blattgold • »Royal Suite«, ab 12 000 € pro Nacht • Extra: Heiraten in 212 m Höhe auf dem Helipad, 40 000 €.

5Y-BYG
TROPIC AIR

Afrika

Neuzeit trifft auf »Steinzeit«: So hat es zumindest auf diesem Bild den Anschein. Wenngleich auch in Afrika Luxus längst kein Fremdwort mehr ist.

66 Ägypten, Rotes Meer
Im Rausch der Tiefe

Das Rote Meer gilt als eines der schönsten Tauchziele der Welt. Erst vor wenigen Jahren wurde Soma Bay auf einer abgeschiedenen, fünf Kilometer langen und zwei Kilometer breiten Halbinsel erschlossen: Qualitätstourismus statt Ballermann-Remmidemmi wie in Hurghada. Ruhe und Privatsphäre stehen im Mittelpunkt dieser autarken Ferienwelt.

Ägypten hat weit mehr zu bieten als Pyramiden und Pharaonengräber. Vor allem, wenn man gern abtaucht. Soma Bay ist ohnehin ein wenig anders und gerade deshalb umso schöner, weil man weder lärmende Urlauber hört, noch mit vielen anderen Tauchern gleichzeitig unter Wasser unterwegs ist. Für Taucher ist Soma Bay eines der neueren touristischen Ziele in Ägypten. Auf einer Landzunge gelegen, überzeugt die Bucht auch landschaftlich: Im Rücken die ockerfarbene Wüste und vor der Nase das glitzernde Blau des Roten Meeres. Weil es ein Innen- und ein Außenriff gibt, ist das Tauchrevier für Anfänger genauso interessant wie für Fortgeschrittene und eignet sich überdies auch für einen nächtlichen Abstieg und Begegnungen mit farbenfroher Unterwasserwelt. Das Wasser ist bemerkenswert klar, und man kann entlang einer 80 Meter steilen, eindrucksvollen Wand abtauchen. In der Soma Bay stehen nicht nur Tauchen und Schnorcheln hoch im Kurs, auch Sportmöglichkeiten wie Wasserski, Jetski, Aquaparks, Kitesurfen und Golfen werden angeboten. Im Gegensatz zum eher lauten Tauchrevier Hurghada setzt man in Soma Bay auf Qualität und Luxus. So hat das als maurische Festung mit orientalischen Akzenten gestaltete »Kempinski Soma Bay« neben einer Tauchschule das Riff direkt vor der Haustür. Und wer einfach nur faulenzen will, dem bieten ein 400 Meter langer Hotelstrand und eine riesige Poollandschaft genügend Alternativen.

In Zahlen

400 m hoteleigener Sandstrand • Rekord in der historischen Freediving-Disziplin Skandalopetra ohne Flossen, Maske und Tauchanzug: 112 m • Presidential Suite im »Kempinski Soma Bay«: 3224 € pro Nacht • Extra: Taucharrangement für 3 Tage inkl. 4 Übernachtungen für 2 Personen, 12 896 €.

Ruhig und abgeschieden, über wie unter Wasser: Soma Bay

ust-do Abtauchen in die artenreiche und benfrohe Unterwasserwelt. Meerwasserthera- e in einem der größten Thalasso-Therapie-Zen- n der Welt. Die Vielzahl der angebotenen ortmöglichkeiten ausprobieren.

nreise Flug nach Hurghada 4 Std. (Condor, Turkish Airlines), von dort 45 km mit Hotel-Shuttle nach Soma Bay. Das »Kempinski Soma Bay« verfügt über 291 Zimmer und 34 Suiten, Außenpoollandschaft, Thalasso-Therapie-Zentrum, 18-Loch-Golfplatz, Tauchschule und einem Riff vor der Haustür. www.kempinski.com

Must-do Die Felsenkirchen von Lalibela von oben betrachten und von unten umrunden, friedfertige Löwenaffen in den Simien Mountains besuchen und dort durch die zauberhafte Landschaft wandern, Steinstelen von Aksum besuchen.

Anreise Die Flugzeit nach Addis Abeba beträgt 9,2 Stunden (Lufthansa, Ethiopian Airline

Info Individuelles Reisearrangement von A of Travel mit allen Helikopter-Flügen, Privat-Pil ten, Transfers, Guides, 8 Nächte mit Vollpensio in Addis Abeba, Lalibela und Simien Mountain ohne Anreise. www.artoftravel.de

Perspektivenwechsel: Blick auf Landschaft und Felsenkirche von Lalibela

Äthiopien, Heli-Safari
Im Zeichen des Kreuzes 67

Straßen sind rar in Äthiopien. Schon außerhalb der Stadtzentren finden sich oft nur mehr Pisten und Offroad-Trails. Auf einer Helikopter-Safari kann man auch große Strecken überbrücken und zu Orten gelangen, die sonst nur schwer zu erreichen sind. So entdeckt man höchst biblische Orte und alttestamentarische Landschaften.

Durch seine christliche Tradition, die bis ins 4. Jahrhundert zurückreicht, unterscheidet sich Äthiopien bis heute deutlich von seinen afrikanischen Nachbarstaaten. Anders als diese, stand das Land nie unter längerer Kolonialherrschaft, sondern entwickelte sich in seiner Isolation höchst eigenständig. Im christlichsten aller afrikanischen Länder spielen als Pilgerorte vor allem die Felsenkirchen von Lalibela eine besondere Rolle. Der Legende nach wollte Kaiser Lalibela in seinem Geburtsort das Abbild des himmlischen Jerusalem schaffen, nachdem das echte durch die Eroberung der Araber 1187 unerreichbar war. In Lalibela schlugen Handwerker deshalb Kirchen in das rötliche Gestein der schwer zugänglichen Berglandschaft. Ein Labyrinth von Tunneln und Korridoren verbindet die Gotteshäuser, die nur von oben einzusehen und von unten zu umrunden sind. Allein die Freiheit, mit dem Helikopter über die Weiten Äthiopiens zu schweben, wohin man will, macht einem deutlich, dass man wirklich weit weg ist. Denn über den Simien Mountains mit ihren begrünten Zackenbergen schaut man alsbald auf eine Landschaft wie aus dem Alten Testament. Eigentümlich aussehende Löwenaffen leben nur hier auf den gebirgigen Grasflächen im Hochland. Es sind die einzigen Primaten, die sich nur von Gras ernähren. Dabei sehen sie mit knallrot geschwellter Brust und riesigen Reißzähnen ganz und gar nicht wie harmlose Vegetarier aus.

In Zahlen

Höchstgelegene Unterkunft: »Simien Mountain Lodge«, 3260 m • In einer Vitrine dort: handsignierte Laufschuhe von Haile Gebrselassie, 26 Weltrekorde • 1700 Löwenaffen • 30 000 Kirchen • Helikopter-Safari ab 50 050 € für 2 Personen • Extra: First-Class-Flug Addis Abeba und zurück (Lufthansa) 6994 €.

68 Botswana, Norden
Naturkino live in 3D

Für schwarzafrikanische Verhältnisse geht es Botswana gut. Bittere Armut wie im Nachbarland Simbabwe sieht man nirgendwo. Das Land ist ohne große Irritationen angenehm zu bereisen. Im Zentrum dieser Luxussafari stehen zwei der spektakulärsten Wildparks weltweit, das Okavango-Delta und der Chobe-Nationalpark.

Der Vorhang geht auf, und als kurze Werbeeinspielung der Natur dreht zunächst ein Adler seine Runden über dem Chobe im nordöstlichsten Eck Botswanas. Eine Gruppe Paviane turnt im Geäst am Ufer und einige Antilopen nähern sich zögerlich und wachsam dem Wassersaum. Für Kapitän Morgan ist das alles nur Vorgeplänkel. Während seine Gäste, vom Gegenlicht geblendet, lediglich einen dunklen Brocken im hohen Flussgras ausmachen, steuert er mit seinem Boot zielsicher darauf zu. Das Hauptprogramm beginnt. Er weiß, dass der Brocken ein mächtiger Elefant ist, der sich auf einer Flussinsel genüsslich das hohe Gras schmecken lässt. Am Ufer nähert sich derweil eine Herde mit einem Dutzend Elefanten dem Chobe. Zwei junge Bullen messen ihre Kräfte, das Kleinste wird von den Alten mit Staub gepudert. Eine Elefantendame geht schwimmen und taucht sogar unter. Nur der Rüssel bleibt wie ein Schnorchel sichtbar. Der Chobe-Nationalpark ist die Heimat von rund 75 000 Elefanten. Kein anderer Nationalpark bietet diesbezüglich mehr: entlang des Chobe lebt die größte Elefantenpopulation weltweit. Aber auch das Okavango-Delta ist eine Sensation, eine der letzten wirklichen Wildnisse, denn die Tiere, die dort vorkommen (mit Ausnahme der Nashörner), hatten Glück und sind einfach übrig geblieben. Das Delta ist kein Gebiet wie einige Parks in Südafrika, in denen die Tierwelt eingesetzt oder die Natur rehabilitiert wurde.

In Zahlen

Luxussafari, 26 250 € für 11 Tage pro Pers., inkl. Heli-Transferflüge • Okavango: 71 Fisch-, 33 Amphibien-, 64 Reptilien-, 444 Vogel- und 122 Säugetierarten • Chobe: Elefanten, Flusspferde, Löwen, Geparde, Leoparden, Giraffen, Zebras, Büffel • Extra: Diamantenkauf in Kasane • teuerster Diamant weltweit: 62 Mio. €.

Bade- und Schlafbereich im »Zarafa Camp« und Leopard

Must-do im Norden Botswanas: tägl. Jeep-safaris. Orapa-Diamantenmine, die größte der Erde besuchen. Pap-Eintopf essen (Mais mit Gemüse und Fleisch) und aus Hirse gebrautes Botswana-Bier trinken. Ausflug nach Simbabwe zu den nahen Viktoriafällen.

Anreise nach Maun (Hinflug) und Kasane (Rückflug): je 14 Flugstd. ab Frankfurt, Stopp in Johannesburg (South African Airways).

Info Luxuscamps »Vumbura Plains Camp«, »Abu Camp«, »Mombo Camp« und »Zarafa Camp«, jeweils Vollverpflegung. www.africa-royal-tours.de

Must-do in Nairobi: Karen-Blixen-Museum in ihrer Farm am Fuß der Ngong-Berge, 15 km vom Zentrum besuchen. Fisch auf Swahili-Art mit Kokosmilch essen. Abends einen Dawa trinken, übersetzt: Medizin aus Wodka, Rohrzucker, Honig, Limetten.

Anreise nach Nairobi: 14 Flugstd. ab Frank furt, mit Stopp in Mombasa für Lamu (Condor

Info Route: Silale, Suguta, Hoodoo, Painted Valleys, Lake Turkana, Pokot. Übernachtet wirc den Luxuscamps »Suyian Soul«, »Desert Rose« »Mobile Fly Camp«. www.artoftravel.de

Kenia aus der Vogelperspektive:
Steilwände und Vulkankegel

Kenia, Norden
Jenseits von Afrika

69

Im Film flogen Meryl Streep und Robert Redford zwar in einem knallgelben Doppeldecker über die kenianische Savanne, aber das Paar, das diese Helikoptersafari bucht, wird wohl ähnliche Gefühle entwickeln wie das Filmpaar Karen Blixen und Denys George Finch Hatton. Drei Tage, die es in sich haben …

Jeder, der »Jenseits von Afrika« gesehen hat, erinnert sich an die minutenlange Flugszene: unendliche Weite, unendliche Freiheit, unendliches Glück. Das kam bis in den Kinosessel – durch und durch. Diese Helikoptertour ist ähnlich dramatisch, führt in den Norden Kenias und ist so beeindruckend, weil man die Gegend ansonsten extrem schwer bereisen kann. Gerade das Great Rift Valley mit Vulkanen und Seen, den Mathews Ranges und die uralten Regenwälder, Sanddünen und großen Wildschutzgebiete wären vom Boden aus nicht annähernd so spektakulär wie aus dem Heli. Ein Wahnsinn, wo der Helikopter überall landet. An schroffen Abhängen ebenso wie auf Sanddünen oder in der Nähe von Dörfern der Samburu und Pokot. Die kulturelle Begegnung mit diesen Stämmen (siehe Foto auf Seite 122 f.) ist für manche alleine die Reise wert. Andere empfinden das »Mobile Fly Camp« im Melako Conservancy als nachhaltiges Erlebnis: Dort schläft man unter freiem Himmel, abseits von jeglicher Zivilisation. Aber auch das Picknick am Kraterrand, wo man vielleicht als erster Mensch seinen Fuß auf den Boden setzt, fasziniert. Der Helikopter kann sehr tief fliegen, wobei man wieder bei »Jenseits von Afrika« ist. Das Flugzeug aus dem Film ist eine De Havilland DH60GMW Gipsy Moth, Baujahr 1929, und erzielte bei einer Auktion in Paris den Rekordpreis von 201 250 Euro. Das Gebot kam aus Kenia. Die Gipsy Moth sollte zurück in die Filmheimat.

In Zahlen

Helikoptersafari, 3 Tage, 16 300 € für 2 Pers • »Jenseits von Afrika« gewann 7 Oscars (11 Nominierungen) und 3 Golden Globes (6 Nominierungen) • Zeit im Film: 1914–1931 • Filmpremiere: 1985 • Filmlänge: 160 Min. • Extra: Badeurlaub auf Lamu Island, »Shela Beach House«, 3 Tage, 1800 €.

70 Marokko, Marrakesch
1001 Nacht

»La Mamounia« ebnete 1923 den Weg. »Dies ist der schönste Platz der Welt«, sagte Winston Churchill. Yves Saint-Laurent meinte: »Marrakesch hat mich gelehrt, Farben zu nutzen.« Und irgendwann traf die High Society ein, ob gekrönt oder mit Hollywood-Mythos versehen. Logisch, dass die besten Hotels Afrikas in Marrakesch zu finden sind.

Alle lauschen dem Geschichtenerzähler. Er berichtet von einem Berber aus Imilchil, der auf dem Heiratsmarkt seine Tochter an einen guten Mann bringen will. Der Lärmpegel auf dem Gauklermarkt ist hoch. Gleich daneben geben Trommler ihr Bestes, der Schlangenbeschwörer bläst mit vollen Wangen in seine Flöte, und der Dattelverkäufer preist seine zuckersüßen Früchte an. Marrakesch und der als Gauklerplatz berühmt gewordene Place Djemaa el-Fna ist ein Angriff auf die Sinne. Schon der Name Marrakesch klingt verführerisch, gar ein wenig verrucht kommt er daher. Und die Sehnsucht danach machte aus dem Traumziel der Bohème ein Trendziel der Prominenz. Das Weltkulturerbe der UNESCO, das Paris der Sahara, die Stadt der 22 Rottöne wurde vom Who is Who der Welt besucht, ob Queen Elizabeth II. oder Helmut Kohl, ob Martin Scorsese oder Brad Pitt, ob Elton John oder Franz Beckenbauer. Yves Saint Laurent, Versace, Kenzo, Valentino und Jean Paul Gaultier suchten sich sogar ein zweites Zuhause in den Gassen der Altstadt. Und selbst die Rolling Stones waren angetan von der einmaligen Atmosphäre, dem Mix aus Düften, Klängen, Farben – und von den Traumhotels, die es so geballt kein zweites Mal auf dem afrikanischen Kontinent gibt. Die Glamour-Paläste der alten marokkanischen Königsstadt sind gebaut wie Märchenschlösser aus 1001 Nacht mit der Kulisse der Gipfel des Atlasgebirges im Hintergrund.

In Zahlen

»Palais Namaskar«, Water Palace, 460 qm, 12 000 € • »Four Seasons«, Royal Villa, 350 qm, 11 500 € • »La Mamounia«, Riad, 700 qm, 10 700 € • »Royal Palm«, Royal Villa, 558 qm, 8800 € • »Selman«, Riad, 450 qm, 3100 € • »Amanjena«, Al-Hamra, 500 qm, 3000 € pro Nacht. Extra: Frühstück »La Mamounia«, 34 €.

Märchenhafte Architektur: »Palais Namaskar« und »Selman«

Must-do in Marrakesch: Medina. Bummel n Souk. Koranschule Ben Youssef Medersa. bends zur Place Djemaa el-Fna gehen und für en Nachtisch beste Datteln kaufen.

nreise nach Marrakesch: 5 Flugstd. mit Stopp ab Frankfurt (Royal Air Maroc).

Info »Palais Namaskar«, www.palaisnamaskar.com. »Four Seasons«, www.fourseasons.com. »La Mamounia«, www.mamounia.com. »Royal Palm«, www.beachcomber-hotels.com. »Selman«, www.selman-marrakech.com. »Amanjena«, www.amanresorts.com

71 Mauritius
Engel, Manna, Meer

In Zahlen

»Four Seasons«, Royal Villa, 825 qm, 15 500 €, www.fourseasons.com • »Le Touessrok«, Villa, 433 qm, 10 700 €, www.letouessrokresort.com • »Oberoi«, Royal Villa, 650 qm, 9200 €, www.oberoihotels.com • Extra: Flug auf die Seychellen, 300 €.

Ein Fleck auf der Landkarte, versteckt im Indischen Ozean, eine afrikanische Insel mit indischem Gesicht und europäischem Niveau: Der Radius eines Urlaubers auf Mauritius begrenzt sich auf Resort, Strand, Meer. Dabei heißt es, erst sei Mauritius erschaffen worden und dann der Himmel nach dem Vorbild der Insel. Quatsch! Die Insel ist langweilig. Es sind die Resorts und Strände, die sie so attraktiv machen. Zwischen den Zehen schimmert von früh bis spät die Lagune, über dem Kopf neigen sich Bäumchen, grün wie Waldmeistergrütze, die sie »Filaos« nennen. Und ab und an schwebt ein dunkelhäutiger Engel vorbei und fragt, ob man etwas Manna benötige. Andere Engel weisen dann in die Handhabung eines Segelboots und Surfbretts ein oder lehren das Skifahren auf dem Wasser. So funktioniert Mauritius.

Einblicke nur von oben: die Royal Villa von »Four Seasons«

Rovos Rail
Afrika auf Schienen

72

Von Tansania über Sambia, Simbabwe, Botswana nach Südafrika: »The Pride of Africa«, wie es auf den im Stil der 1920er- und 1930er-Jahre restaurierten 22 Waggons steht, gehört zweifelsohne zu den luxuriösesten Zügen der Erde. Auf 5742 Kilometern Eisenbahnfahrt mit dem »Rovos Rail« erlebt man aber ebenso viele Eindrücke. Fünf Länder, die Victoriafälle, Safaris im Chobe- und im Madikwe-Park, vier der »Big Five« zum Anfassen nah gesehen, kreischende Kinder, die sich barfuß ein Wettrennen mit dem Zug liefern, unendliche Weiten, in der Diamantenstadt Kimberley ins Big Hole geschaut.

Und im Speisewagen serviert Steward Philimon stilsicher Crusted Kingklip und einen vorzüglichen Chenin Blanc aus Stellenbosch. Dann noch einen Cognac an der Bar und schließlich einschlafen im Rhythmus der Gleise …

In Zahlen

Royal Suite, 16 qm, 43 600 € für 18 Nächte und 2 Pers., inkl. Speisen, Getränke • Max. 72 Gäste • 3300-PS-Lok, 5,5 l Diesel pro km, max. 60 km/h schnell • Extra: Zusatzprogramm Selous-Wildreservat, 5 Tage für 2 Pers., 5000 € • www.lernidee.de

Highlight unter vielen Höhepunkten: der »Rovos« und die Viktoriafälle

73 Ruanda, Gorilla-Safari
Auge in Auge

Die Virunga-Vulkane in Ruanda sind mit tropischem Bergregenwald bedeckt und Heimat der seltenen Berggorillas. Organisierte Trekkingtouren zu unseren nächsten Verwandten sollen dazu beitragen, die Tiere vor der Ausrottung zu schützen. Die Tickets sind meist Monate vorher vergeben. Pro Tag bekommen nur etwa 80 Leute eine Genehmigung.

Beim ersten Besuch, wissen die Ranger, wollen alle Gäste zunächst viele Fotos machen. Deshalb gibt es noch ein zweites Treffen, wo man sich die Zeit nehmen kann, diese ungewöhnliche Begegnung auf sich wirken zu lassen. Momente, in denen den Leuten klar wird, dass sie nicht im Zoo sind und sie auch keine Glasscheibe von einem ausgewachsenen, 200 Kilogramm schweren Silberrücken trennt, wie die dominanten Anführer einer Gorilla-Gruppe wegen ihres ergrauten Felles heißen. Dass die Tiere Menschen so nahe an sich heranlassen, ist ein Prozess, der mindestens zwei Jahre dauert, in denen Ranger die Gorillas täglich besuchen, um ihnen die Scheu zu nehmen. Schließlich wurden früher viele der Tiere von Wilderern abgeschlachtet. Die amerikanische Verhaltensforscherin Dian Fossey widerlegte früh das Hollywood-Märchen von aggressiven, stets zähnebleckenden Menschenaffen. Es gelang ihr zu zeigen, wie die Berggorillas mit ihr kommunizierten und ihr sogar Jungtiere anvertrauten, die in ihrem Schoß schlafen durften. Wegen ihres unerbittlichen Einsatzes für die Tiere wurde sie 1985 ermordet. Damals gab es nur mehr 620 Berggorillas. An die 800 sind es heute wieder weltweit. Der Bestand wächst, seit die Wälder geschützt werden, in denen Berggorillas leben. Schließlich fruchtet auch die Tatsache, dass man in dem armen Land mit lebenden Gorillas und den Touristen auf lange Sicht mehr Geld verdient als mit toten.

In Zahlen

Höchster Vulkan in Ruanda: Karisimbi, 4507 m, im Virunga-Vulkan-Gebiet • Berggorillas weltweit: derzeit 800 • Gorilla-Trekking-Arrangement von Kempinski, ab 19 310 € pro Person • Extra: First-Class-Flug nach Kigali (12 Std.) und zurück, 8600 € (Lufthansa).

Berg-Gorilla und die »Virunga Eco Luxury Lodge«

ust-do Gorilla-Trekking, Ausflüge zur Forungsstation Karisoke und dem Grab von Dian ssey, Virunga-Vulkane entdecken.

nreise nach Kigali: 12 Flugstd. (Lufthansa).

fo Trekking-Arrangement mit 2 Ausflügen den Gorillas, Guide, Permits, Jeep und Heli. 1 Nacht »Sabyinyo Silverback Lodge«, 2 Nächte »Virunga Eco Luxury Lodge« und 1 Nacht Kempinski »Hôtel des Mille Collines« in Kigali, bekannt durch den Film »Hotel Ruanda«, weil es während des Völkermords 1994 mehr als 1000 Menschen Zuflucht bot. www.kempinski.com

Luxuriös wohnen in unberührter Natur: North Island

Must-do Coco de Mer, eine endemische, bis zu 18 kg schwere Nuss in erotischer Form eines weiblichen Beckens auf der Insel Praslin im Vallée de Mai und die Insel La Digue mit dem Rad entdecken.

Anreise Flug nach Mahé 9,5 Std. (Condor, Etihad, Qatar Airways) von dort Helikoptertrar fer hin und zurück, 1540 €.

Info North Island, 2 km²: 11 luxuriöse Viller eigene 200-qm-Sonnendecks mit Pool, Vollpe sion, Tauch-, Schnorchel- und Angelausflüge buchbar über: www.vladi-private-islands.de

Seychellen, North Island 74
Auf der Arche Noah

Das Seychellen-Atoll Aldabra ist selbst für die meisten Einheimischen ein Mysterium. Weitab vom Rest der Welt lebt 1200 Kilometer von der Hauptinsel Mahé und mehr als 400 Kilometer von Madagaskar entfernt dort nur eine Handvoll Ranger und Naturschützer. Andere Besucher dürfen die Insel nur mit einer Sondergenehmigung betreten.

Was Wissenschaftler und naturinteressierte Besucher hierher treibt, ist die Tatsache, dass sie auf Aldabra der Evolution noch ungestört gleichsam bei der Arbeit zusehen können. In Millionen Jahren der Isolation ist auf diesem größten zusammenhängenden Atoll der Welt mit einer Lagunenfläche von 224 Quadratmetern eine einzigartige Tier- und Pflanzenwelt entstanden, die es als Gesamtsystem in dieser Form sonst nirgendwo auf der Welt gibt. Eine Arche Noah in aquamarinblauem Wasser. Nur wenige Einheimische waren jemals dort, denn eine Reise dorthin kostet sie in etwa einen durchschnittlichen Jahresverdienst. Dafür müsste man schon im Lotto gewinnen, weshalb die Insel-Lotterie hier sehr beliebt ist, bei der einmal im Jahr eine Aldabra-Reise verlost wird. Wohnen darf man trotzdem nicht auf dem Atoll. Zum Glück gibt es auf den Seychellen noch Inseln, die man ganz für sich alleine mieten kann.

Auch auf dem lange Zeit unbewohnten North Island konnten sich gefährdete Tiere und Pflanzen wieder ansiedeln, die nur auf den Seychellen beheimatet sind. Kokospalmen und Takamaka-Bäume bestimmen hier die Kulisse, umgeben von leuchtend weißen Stränden, von denen sich 180 Meter hohe, glatt geschliffene graue Granitfelsen erheben, die so typisch sind für die Seychellen. Die 11 Gäste-Luxusvillen sind aus natürlichen Materialien modern und minimalistisch gestaltet, sodass es immer nur eine Hauptdarstellerin gibt: die Natur.

In Zahlen

Größtes Atoll der Welt: Aldabra, Lagunenfläche 224 qm, 150 000 Riesenschildkröten • Teuerster Schokokuchen der Welt mit 929 Diamanten verziert: Frégate Island, 3,8 Mio. € • Inselmiete North Island, max. 22 Gäste: 350 000 € pro Woche • Extras: Jachtmiete, 8 Std., 5000 € • Schiffsexpedition nach Aldabra, 8800 € pro Person.

75 Südafrika, Golftour
Hole-in-One

Vor einiger Zeit wurde Südafrika nur gleichgesetzt mit Wildparks, Tafelberg und Mandela. Das stimmt weiterhin, auch wenn Nelson Mandela, der Vater des neuen Südafrika, gestorben ist. Doch das Land entwickelt sich weiter. So ist Golf längst kein Geheimtipp mehr und südafrikanischer Wein sogar in Europa salonfähig geworden.

Schottland, King's Course des »Gleneagles«, einer der großen Traditionsplätze im Mutterland des Golf: Es ist ein normaler Herbsttag mit 13 Grad und Regen. Am selben Tag, 10 194 Kilometer weiter südlich auf einem der rund 20 Plätze in der Nähe von Kapstadt: Der Platz hat keine große Historie, aber es locken die unterschiedlichsten Herausforderungen und vor allem das Klima. Es ist Frühling bei 24 Grad und Sonne satt. Noch Fragen, warum so viele Golfer nach RSA schielen, der Republic of South Africa? Immerhin wird dort seit Anfang der 1920er-Jahre Golf gespielt. Und dank des britischen Einflusses bietet das Land hervorragende Golfmöglichkeiten auf mehr als 500 Plätzen. Einige der besten werden bei dieser Golftour bespielt: von Kapstadts Arabella Golf Estate über den Pezula Castle Course bei Knysna bis zum Gary Players Country Club von Sun City bei Johannesburg. Durch Leute wie Player oder Ernie Els hat sich Südafrika auch im Golfsport einen international guten Ruf erarbeitet. Dreimal spielen die Gäste bei dieser exklusiven Tour zusammen mit einem ehemaligen PGA-Tour-Champion, mit dem dann auch diniert wird. Zwischen den Greens liegen Helikoptertransfers, unter anderem entlang der Garden Route, Segeln, ein Abend auf einer Luxusjacht mit Champagner und Austern, eine Weintour, Safaris, ein Elefantenritt und immer wieder exzellente Abendessen, darunter auch ein Bush Dinner. Diese Tour ist wie ein Hole-in-One.

In Zahlen

Luxusgolftour, 105 000 € für 12 Tage pro Pers., inkl. Heli-Flüge • Auf dem Gary Player Country Club in Sun City wird alljährlich das teuerste Turnier der Welt ausgetragen: die 1 Million Dollar Golf Classics • Extra: Taxiausflug zum Kap der Guten Hoffnung ab Kapstadt und zurück, 90 €.

Traumplätze, Weingüter, Sonne: Südafrika wird von Golfern geliebt.

ust-do in Südafrika: Tafelberg, Kap der ten Hoffnung, Nelson Mandela National Mu- ım, zocken in Sun City, Bobotie essen: scharf würzter Hackbraten à la Südafrika.

ıreise nach Kapstadt (Hinflug) und Rück- g ab Johannesburg: je 12 Flugstunden ab Frankfurt am Main (South African Airways).

Info Übernachtet wird in Luxushotels wie »One & Only«, inkl. Rolls-Royce-Transfer, »Delaire Graaf Estate« in der Owners Lodge, »Pezula Castle« oder »Palace of Lost City«, inkl. Arrangements wie aufgeführt. www.global-golf-tours.de

Den Kilimandscharo im Rücken:
»Shu'mata Camp« und Elefantenherde

Must-do im Nordosten Tansanias: tägl. Jeep-Safaris, Kilimandscharo (für Besteigung 2 Wo. Vorbereitung einplanen), Meru-Krater, Momella-Seen, Besuch in einem Massai-Dorf.

Anreise nach Arusha in Tansania: 18 Flugstd. mit 2 Stopps ab Frankfurt (Qatar Airways, Precision Air), Transfer zur »Hatari Lodge«: 90 Min.

Info »Hatari Lodge« mit Restaurant und Te rasse, wo Giraffen und Büffel immer zum Grei nah sind. Vollpension, auch während der Safa begleitet von einem Massai-Ältesten, der Mec zinmann ist. www.theafricanembassy.com

Tansania, Kilimandscharo 76
Picknick am Kili

Die »Hatari Lodge« ist ein kleines, aber feines Buschhotel, das »Shu'mata Camp« besteht aus ostafrikanischen Luxuszelten im Hemingway-Stil auf einer Anhöhe. Rund um diese Unterkünfte gibt es Safaris ohne Massenauflauf. Ob im grünen Arusha oder im jungen Mkomazi-Nationalpark, am Wami-Fluss oder am Fuß des Kilimandscharo.

»Hatari!«, mit den unvergessenen John Wayne und Hardy Krüger, gehört zu den Afrika-Filmklassikern. Er implantierte eine damals neue Reiseart in Afrika: die Fotosafari. Die Flinte wich immer häufiger dem Fernglas, den Foto- und Filmapparaten. Und an »Hatari!« knüpfen der Deutsche Jörg Gabriel und seine Frau Marlies an. Die Pächter der »Hatari Lodge«, dem ehemaligen Wohnhaus von Hardy Krüger, haben Routen abseits vom Massentourismus entwickelt. »Wir machen Safaris jenseits der Serengeti und jenseits von Jeep-Konvois und 200-Gäste-Hotels«, sagt Jörg. Gut 150 000 Leute besuchen jährlich die Serengeti. »Aber auf unseren Safaris und Picknicks am Kilimandscharo begegnen wir kaum anderen Touristen.«

»Safari« ist das Kisuaheli-Wort für Reise. Frühmorgens geht's los: mit Staubbrille à la John Wayne im offenen Mercedes-G-Jeep und heruntergeklappter Windschutzscheibe. Selbstbewusst stellt Fahrer Charles den Jeep einem Elefantenbullen in den Weg. Er weiß, der Bulle stellt die Ohren drohend auf, aber Charles kennt Jumbo: Der Dicke greift nicht an, sondern macht sich trotzig vom Acker. In Situationen wie diesen liegt »Hatari!« in der Luft. »Hatari« heißt auf Kisuaheli Gefahr. Vom traumhaft gelegenen »Shu'mata Camp« muss man nicht einmal in einen Jeep, um die Tierwelt Tansanias zu sehen: Ihr Wohnzimmer ist die Savanne. Und das liegt direkt unterhalb der eigenen Terrasse auf der Shu'mata-Anhöhe am Fuß des Kilimandscharo.

In Zahlen

Safari für Geist, Körper und Seele, 8500 € für 10 Tage, inkl. Inlandsflüge und Picknick am Kilimandscharo auf 3500 m • Gesamthöhe: 5895 m, höchster Berg Afrikas • Anzahl der Besteigungen pro Jahr: 30 000 • Tiere, die zu sehen sind: unzählige • Länge des »Hatari!«-Spielfilms von 1962: 157 Min.

Amerika

Der Auftritt der Neuen Welt: Diese Poolsuite im »Palms Resort« von Las Vegas ist eine beeindruckende Interpretation von Luxus in den USA.

77 Bahamas, Exumas
Das große Fressen

Das Paradies hat ein Koordinatensystem: 24° 13′ 0“ N und 76° 28′ 0“ W. Hier, mitten im Zentrum der Exumas, liegt die Privatinsel Over Yonder Cay. Ein ehemaliger Fischerort, der in eine Luxusoase mit alternativer Energietechnik umgestaltet wurde. 96 Prozent des Stromes stammt aus erneuerbarer Energie.

Die Farben im außergewöhnlich klaren Wasser leuchten auf den Exumas derart, dass Astronauten die zu den Bahamas gehörende Inselgruppe selbst vom Weltall aus erkennen können. Für gute Sicht und intakte Korallenriffe sorgt der Golfstrom, der südlich von Florida seinen Ursprung hat und wie eine schützende Barriere wirkt. Wahre »Hai-Lights« kann man beim Tauchen und Schnorcheln erleben, denn Tiger-, Bullen- und Zitronenhaie sind hier an der Tagesordnung. Beim großen Fressen werden für eine Raubtierfütterung zu Eisklumpen gefrorene Fischreste über ein Seil auf dem Meeresgrund verankert. Der schwimmende Fisch-Kebab lockt zuerst kleine Zebrabarben an, bis die Haie gierig ganze Brocken aus der Tiefkühlkost reißen. Alles ist in Bewegung, schnell und hektisch, scheinbar ohne Plan. Aus einiger Distanz sieht man die Haie Kreise ziehen und ihren nächsten Vorstoß vorbereiten. Dabei streift einer schon mal gleichgültig einen Taucher, um mit dem nächsten Fischbrocken, der für einen Bissen viel zu groß ist, zu verschwinden. Ein Nervenkitzel auch für erfahrene Taucher. Selbst nachts gibt es noch genügend zu sehen, wenn Kraken, Tintenfische, Hummer und Moränen aktiv sind und die meisten anderen Fische schlafen. Die Taschenlampen der Nachttaucher unter Wasser glimmen dann wie Glühwürmchen, die kleine Lichtschneisen ins Grün des Unterwasserparadieses schlagen. 365 Inseln gibt es auf den Exumas, für jeden Tag eine.

In Zahlen

Bahamas: größte Hai-Dichte der Welt • Over Yonder Cay, max. 16 Personen pro Woche, 370 000 € Komplettinselmiete • Extra: Jachtcharter, pro Tag 10 000 € • »Atlantis Paradise Island«, »Bridge Suite« verbindet im 16. Stock beide Royal Towers, 2500 qm Wohnbereich mit Piano, 800 qm Balkon, 18 400 € pro Nacht, www.atlantis.com

Nervenkitzel: Hai-Begegnung vor Over Yonder Cay auf den Exumas

lust-do Tauchen mit Haien, Staniel Cay: quie-
enden Schweinen beim Lagunen-Schwimmen
usehen. »Thunderball«-Grotte (aus James-Bond-
lm). Nationalgericht: Conch-Muschelfleisch.

nreise Flug nach Nassau 14 Std. (Lufthansa,
itish Airways), Abholung mit Wasserflugzeug.

Info Over Yonder Cay: 0,3 qkm, Platz für max. 16 Personen, Golf-, Tennis- und Beachvolleyball-Platz, Fitnesscenter, eigenes Kino, Vollverpflegung, buchbar über Vladi Private Islands. www.vladi-private-islands.de und http://overyondercay.com

78 Barbados
Ganz auf Augenhöhe

In Zahlen

»Cobblers Cove«, Colleton Suite, 2300 € pro Nacht, inkl. Fischen, www.cobblerscove.com • Teuerste Villa: »Sandy Lane«, 15 000 € pro Nacht, www.sandylane.com • 1 Concorde im Museum • 4 Polofelder • Hochseefischen mit Jacht, 75 000 € pro Woche.

Sonne, Sand und Cocktails – oder lieber: Polo, Jacht und Concorde? Es geht auch Hochseefischen, Hummer und Barker. Barker? Wer oder was ist Barker …? Der Reihe nach: Barbados ist ein sonnenverwöhntes, mit Traumstränden gesegnetes karibisches »Little England«. Tourismus hat etwas angenehm Unaufgeregtes auf der Insel, ohne Angaffen, Anmachen, gierige Taxifahrer, Drogen-, Sex- und Souvenirverkäufer. Das ist ein Luxus unter vielen »Gimmie a Dollar«-Ländern in der Karibik. Barbados liegt im Index zum Lebensstandard der Vereinten Nationen auf Augenhöhe mit Malta und vor Portugal oder Polen. Und Barker? Barker heißt eigentlich Denis Bovall und ist der nette Fischer, der das Schmuckkästchen »Cobblers Cove« mit Fisch versorgt. Hausgäste sind eingeladen, frühmorgens mitzufischen – ganz unaufgeregt.

Das »Cobblers Cove«: nicht die teuerste, aber die schönste Adresse auf Barbados.

Bermudas, Oswego Island 79
Auf Schatzsuche

Berichte über spurlos verschwundene Schiffe und Flugzeuge machten das sogenannte Bermudadreieck weltberühmt. Etwa 1000 Wracks sollen im flachen Wasser vor den Riffen der Inseln im Atlantik ruhen. Noch immer locken sie Schatzsucher aus aller Welt an, denn einige der gesunkenen Schiffe hatten Gold an Bord. Einen wahren Glücksgriff tat Teddy Tucker, als er 1955 beim Wrack der spanischen Galeone »San Pedro« ein mit sieben Smaragden besetztes Goldkreuz fand. Den Wert schätzte man damals bereits auf mehr als 200 000 US-Dollar. Es war das wertvollste Einzelstück, das je in diesen Gewässern gefunden wurde. Seit es anlässlich des Besuchs von Königin Elizabeth II. im Jahr 1975 in ein anderes Museum auf den Bermudas gebracht werden sollte, gilt es als gestohlen und blieb auf unerklärliche Weise im Bermuda-Dreieck verschollen.

In Zahlen

Oswego Komplettinselmiete: pro Woche für max. 10 Gäste 20 000 €, buchbar über: www.vladi-private-islands.de • Extras: Jachtcharter, ganzer Tag 10 000 € • Tucker-Kreuz als Mini-Replik beim Juwelier in Hamilton, 18 Karat Gold, 7 Smaragde, ca. 1000 €.

Von Oswego Island aus auf Schatzsuche.

80 Brasilien, Rio
Seht auf diese Stadt!

Seine ausgesprochene Schönheit verdankt Rio vor allem seiner einzigartigen Lage. Und die erfasst man am besten von ganz oben, bei einem exklusiven Picknick am Corcovado direkt unter der berühmten Christus-Statue: Perfekt geschwungene Sichelbuchten mit hellen Sandstränden, von smaragdgrünem Wasser umspült.

Die Copacabana zählt zu den berühmtesten Stränden der Welt. Ihr Aufstieg begann 1923 mit der Eröffnung des »Copacabana Palace«, als bald darauf der erste internationale Jetset ins legendäre Haus im charakteristisch-mediterranen Bäderstil reiste. Zum Sonnenaufgang und außerhalb der normalen Öffnungszeit organisiert das Luxushotel heute für seine Gäste ein außergewöhnliches Frühstückspicknick unter den Augen der weltbekannten Christus-Statue. Diese galt zum Zeitpunkt ihrer Errichtung vor mehr als 80 Jahren als Meisterwerk der Ingenieurskunst. Bel Noronha, die Urenkelin des Konstrukteurs, ist Dokumentarfilmerin und besitzt alte Schwarz-Weiß-Archivaufnahmen, worauf zu sehen ist, wie Einheimische im Wortsinn Geld aus dem Fenster in aufgehaltene Bettlaken werfen, um für die Christusfigur Geld zu spenden, weil die Monumentalskulptur bis zu den Unabhängigkeitsfeierlichkeiten nicht fertig gestellt war. In Bel Noronhas Film sind auch zwei Brüder zu sehen, wie sie mit Lappen und Wassereimer aus der Armluke der Figur klettern, um sie zu reinigen. Ohne Gerüst und ohne jegliche Sicherung laufen die beiden selbstsicher über die ausgestreckten Arme und steigen dem Christus anschließend auch noch auf dem Kopf herum. »Ihnen ist hier oben nie etwas passiert«, sagt Bel ganz selbstverständlich. Auch wenn sie zugeben muss, dass sogar ihr beim Anblick der brüderlichen Kletteraktion jedes Mal wieder schwindlig wird.

In Zahlen

Christus-Statue: größte Art-déco-Skulptur der Welt, 30 m (ohne Sockel), Armspannweite: 28 m, Handfläche: 3 m • »Belmond Copacabana Place«, Penthouse Suite, 2603 € pro Nacht • Extra: Frühstückspicknick zum Sonnenaufgang auf dem Corcovado vor der normalen Öffnungszeit, 895 € für 2 Personen.

ıristus-Statue mit Urenkelin des
pauers und »Copacabana Palace«

ust-do Frühstückspicknick am Corcovado, ipirinha-Sundowner am Copacabana-Palace-ol. Rodizio-Ritual: Der Cortador dreht im Lokal ine Runden und schneidet direkt vom Spieß eischspezialitäten auf den Teller. Samba tanzen f der größten Party der Welt: Karneval in Rio. Sculpture-Bag mit Rio-Symbolen von Gilson Martins kaufen, ca. 92 €.

Anreise Flug nach Rio 18 Std. (Lufthansa).

Info »Belmond Copacabana Place«, 114 Zimmer und 129 Suiten, www.belmond.com

81 British Virgin Islands
18 Meter Freiheit

In Zahlen

»Moorings 5800 Katamaran«, 18 m, 5 Kabinen, Teakholzausstattung, 22 435 € pro Woche, inkl. Verpflegung, Getränke, Angel- und Wassersportausrüstung, Außenborder, 2-Mann-Crew, www.moorings.de • Extra: »Pusser's Rum Painkiller«-Cocktail, 5 €.

Der Wind bläht die Segel auf und die 18-Meter-Jacht schneidet ins tiefblaue Wasser. »Kämpfe nicht mit der Jacht«, sagt Andale zu seinem Gast, ein Novize am Steuer, »gehe sanft und streng zugleich mit ihr um – wie mit einer Frau.« Macho Andale ist der 39-jährige Skipper mit athletischer V-Figur. Segle mehr, arbeite weniger, steht auf seinem T-Shirt als Lebensmotto. Auf den British Virgin Islands, mit 60 Inseln, davon 43 unbewohnt, lässt sich das bestens umsetzen. Die BVI gelten als eines der besten Segelreviere der Welt. Konstante Passatwinde, eine traumhafte Inselwelt und Segel-Charterboote in jeder Größe sind die Argumente dafür. Eine gute Wahl ist der 18 Meter lange »Moorings 5800 Katamaran« mit viel Platz, luxuriöser Ausstattung sowie einem versierten Koch und netten Skipper wie Andale.

Die Perspektive macht's möglich: Segeljacht in Riesenmuschel.

BVI, Necker Island

Promis unter sich

82

Reden wir mal über Geld. Anstatt die komplette Insel Necker Island für nur einen Tag zu mieten, könnte man mit einem günstigen »Around the World Ticket« in etwa 15-Mal die Welt umrunden. Die auf den British Virgin Islands gelegene Insel ist seit 1979 im Besitz von Richard Branson, dem Gründer der Virgin Group, der die Insel exklusiv auch an Gäste vermietet. Necker Island zog schon immer Reiche und Berühmte an, ganz besonders für private Hochzeiten. Richard Branson heiratete übrigens selbst hier. Er sprang dafür aus dem Helikopter und schwamm an den Strand. Auf Necker Island machen gerne Leute Urlaub, denen zwei Wochen Abgeschiedenheit ohne Not den Gegenwert eines Eigenheims wert sind: Hugh Grant, Liz Hurley, Mick Jagger und Kate Moss sind bekennende Necker-Island-Urlauber. Der Rest genießt und schweigt.

In Zahlen

Necker Island: 0,3 qkm, 9 balinesische Luxusvillen, max. 30 Gäste, 45 700 € pro Nacht Komplettinselmiete, buchbar über www.designreisen.de, Info: www.neckerisland.virgin.com • Extra: jünger aussehen: »Age repair facial«-Behandlung, 90 Min., 200 €.

Mit dem U-Boot »Necker Nymph« geht es hinab in 30 Meter Tiefe.

83 Chile, Patagonien
Die Kraft der Natur

Patagonien – schon der Name weckt Sehnsüchte an das Land am Ende der Welt, das dünn besiedelt ist, aber dafür umso mehr Natur bietet: Tiere und Pflanzen, die Pampa und Fjorde, Gletscher und das Inlandeis, die größte zusammenhängende Eismasse abseits der Pole und Grönland. Patagonien ist das Fahrgebiet der »Nomads of the Sea«.

Der knallrote Helikopter hebt vom Schiff ab wie im Film: spektakulär mit der Schnauze nach unten. Es geht auf Exkursion. Die »Nomads of the Sea« ankert vor der Halbinsel Taitao, und es steht Heliskiing auf chilenischen Gletschern auf dem Programm. Aber was heißt schon Programm? Andere Gäste haben sich für eine Vulkanwanderung, fürs Wale Watching oder Fliegenfischen entschieden. Eine vierte Gruppe macht auf »Water Toys«, das sind schnelle Jet-Boote und Zodiacs. Ziel: Humboldt- und Magellan-Pinguine. Und wenn die Motoren der Boote und der beiden zur Verfügung stehenden Helikopter aus sind, spürt man die durchdringende Stille fast körperlich. Die Kraft der Natur wird in ihrem ganzen Ausmaß sichtbar und nach und nach rückt ins Bewusstsein, wie winzig und bedeutungslos der Mensch inmitten dieser gigantischen Landschaften Patagoniens ist, dort, kurz vor dem Ende der Welt, kurz vor Kap Hoorn. Jeder Tag ist aber auch ein Abenteuer während dieser einwöchigen Küstenkreuzfahrt durch Chiles Fjorde an Bord der »Nomads of the Sea«. Und voller Überraschungen: Mal umringt ein Delfinschwarm das Schiff, mal folgt es einer Gruppe Buckelwale. Jeden Tag wacht man an einem anderen Ort auf – und insgesamt werden auf der Fahrt 750 Kilometer zurückgelegt. Durch die Helikopter ist die Reichweite für die Ausflüge fast unbeschränkt. Auch deshalb gehört die »Nomads« zu den zehn besten Expeditionsschiffen weltweit.

In Zahlen

»MS Nomads of the Sea«, 14 Kabinen, 4 Decks, 46 m lang, 17 200 € für 2 Pers. und 7 Nächte • Patagonien deckt 2100 km der 4300 km langen Nord-Süd-Ausdehnung Chiles ab • Gefahrene km: 750 • Extra: Zusatzprogramm Atacama-Wüste, Nordchile, die trockenste Region der Welt, 4 Tage, 1500 €.

Start ins Abenteuer: In die Nähe der Pinguine geht's aber nur zu Fuß.

lust-do Torres del Paine, Atacama-Wüste, rrio Lastarria in Santiago de Chile besuchen, rrillada Grill-Mix essen, Pisco Sour trinken.

nreise nach Puerto Montt: 24 Flugstd. mit Stopps in Sao Paulo und Santiago de Chile ab ankfurt (Tam).

Info Komfortabel eingerichtete Kabinen mit Bad, Restaurant mit Sommelier, Bar, Lounge, Sauna. Abfahrten nur im südamerikanischen Sommer, von November bis April, inkl. Vollpension, alle Getränke, Ausflüge, Aktivitäten, auch mit dem Heli. www.artoftravel.de

Refugium für die Happy Few und Einblick in den Jacuzzi-Saal

Must-do auf Grenada: Unterwasser-Skulpturenpark besuchen. Baden an der Grande Anse. Ein Bier mit Premierminister Keith C. Mitchell im »Fontenoy Carib-Shop«. Karibisches Essen im »Patrick's«. Schlafen bei Ex-Miss World Jennifer Hosten in »Jenny's Place«.

Anreise nach Grenada: 11 Flugstd. ab Fra furt (Condor); Transferzeit zur Insel: 30 Min.

Info Calivigny Island ist nur komplett mit 25 Suiten, Personal und Verpflegung zu miete Ein Paar zahlt ab 45 000 € pro Nacht, wenn kei Vollbuchung vorliegt. www.calivigny-island.cc

Grenada, Calivigny
Ziegenmilch geht extra
84

Grenada hat mehr Karibikstrände als Verkehrsampeln, mit dem Premierminister kann man ein Bierchen trinken. Und Unterkunft findet der Gast bei einer Ex-Miss-World. Die Superreichen aber kommen nach Grenada, um auf dem vorgelagerten Calivigny Island, einer der teuersten Privatinseln der Welt, ganz unter sich zu bleiben.

Calivigny Island ist auf den ersten Blick blankes Understatement. Da liegt ein eher austauschbares Eiland vor einem. Erst wenn man die vier Villen sieht, eingerichtet von klassisch-überbordend (Beach House) über die beiden kleineren Beach Cottages auf Fünf-Sterne-Niveau bis zu modern-exzentrisch (Overhang House) wird deutlich: Auf dieser Insel sind nicht die oberen Zehntausend zuhause, sondern nur noch die »Upper Thousand«. Das lässt sich in Zahlen fassen: 120 000 Dollar. US? Oder Karibische? »Nein, nein! Schon US-Dollar!«, sagt Michael Urbanski, der Inseldirektor, »und zwar pro Tag!«, inklusive sämtlichem Personal, von den drei Köchen über Butler, Zimmermädchen und Poolboys bis zu Sicherheitskräften. Auch die Speisen und Getränke, von Hummer bis Veuve-Cliquot-Champagner, Wassersport von Segeln bis Wasserski, Tennis und natürlich alle Transfers sind im Preis inbegriffen. Dafür darf dann eine Gruppe mit bis zu 50 Gästen, untergebracht in den 25 Suiten der vier Villen, exklusiv auf die Insel. »Wenn eine Gruppe weniger Leute zählt und wir nicht gebucht sind, geben wir Rabatt«, sagt Michael großzügig.

Nicht im Tagespreis enthalten sind beide Megajachten, frische Ziegenmilch fürs tägliche Bad (wie von einer Prinzessin gewünscht) oder exklusivste Champagner-Marken. »Einmal hatten wir 40 000 US-Dollar Extrakosten nur für Roederer Crystal. Und das in einer Woche!« Namen fallen da selbstredend keine …

In Zahlen

Calivigny Island: 320 000 qm • 4 Villen mit zusammen 3000 qm • 6 Strände • 2 Pools • 92 500 € pro Nacht • 1 Open-Air-Kino • 1 Gewächshaus • 1 Farm für Bio-Nahrungsmittel • Extra: 54-m-Segeljacht mit 12-Mann-Crew, 220 000 € pro Woche • Oder 867 500 € für 1 Woche Insel und Jacht = 5163,69 € pro Stunde.

85 Kanada, Heliskiing
Fertig zum Absprung

Riesige unerforschte Gipfel, Abfahrten, so weit das Auge reicht und authentische Chalets und Ranches erwarten Heliskiing-Abenteurer in British Columbia. Der Mount Waddington ist mit 4019 Metern der höchste und markanteste Gipfel der Coast Mountains. Die Hollywood-Filme »K2«, »Kundun« und »7 Jahre in Tibet« wurden hier gedreht.

In dieser inspirierenden Landschaft liegt auch die »Pantheon Heli Ranch« von Bella Coola Heli Sports, die einem den Zugang zu einem privaten Skigebiet mit 5000 Quadratkilometern ermöglicht. Bis heute hatten nur wenige Profis und Adrenalin-Junkies überhaupt die Gelegenheit, diese Gegend zu erkunden. Es handelt sich um ein Gelände, das zum größten Teil noch völlig unberührt ist und in dem manche Täler noch nicht einmal einen Namen haben. Wer hier abfährt, kann sicher sein, dass er es alleine tut und vor ihm noch niemand hier war. Das Skigebiet liegt im Osten, wo der Schnee besonders trocken und leicht ist, sodass Skifahren und Snowboarden in solch flockigem Champagner-Powder völlig mühelos ist. Wenn die Bedingungen gut sind, können sogar 12 000 Höhenmeter pro Tag gefahren werden, und abends kann man in seiner gemütlichen Ranch am Kamin entspannen. In der »Tweedsmuir Park Lodge«, wo Bella Coola Heli Sports sein noch etwas luxuriöseres Basislager hat, ragen stark vergletscherte, schroffe Küstenberge auf, und es erwarten einen bis zu 15 Meter Schnee pro Saison. Die geringe Entfernung zum Meer und das spektakuläre Panorama mit den tief eingeschnittenen Fjorden sind ein wahres Powder-Shangri-La! Die Ski-Guides lesen das Gelände hier wie andere Bücher. Nur wenn sie den Daumen senken, bleibt der Hang unberührt. Falls nicht, heißt es für die Herrschaften im Heli: fertigmachen zum Absprung!

In Zahlen

Mount Waddington: 4019 m • Schnee pro Saison: 10–15 m • Komplettmiete: »Tweedsmuir Park Lodge« max. 16 Personen, Skigebiet 6232 qkm, 1 Woche, 127 000 € • »Pantheon Heli Ranch«, max. 8 Personen, exklusives Privat-Skigebiet, 5000 qkm, 1 Woche, 81 500 € • Extra: First-Class-Flug nach und von Vancouver, 7232 €.

Das ganze Skigebiet für sich allein, um Zopfmuster in den Schnee zu flechten.

Must-do Ein ganzes Skigebiet für sich allein mieten. Perfekte Schwünge ziehen und Zopfmuster in den Schnee flechten. Von den Abfahrten einen eigenen Ski-Film drehen.

Anreise Flug nach Vancouver: 10,5 Std. (Lufthansa, Air Canada).

Info Bella Coola Heli Sports: »Tweedsmuir Park Lodge«, 11 Privat-Chalets. »Pantheon Heli Ranch«, eine Lodge. Vollpension, Guides, Heli, Skiausrüstung und Anreise von der Ranch von und nach Vancouver sind im Preis inbegriffen, www.bellacoolahelisports.de

Spielplatz für Paul McCartney und Keith Richards: Studio und Strand

Must-do auf Saint-Barthélemy: 1 ganzen Tag auf einem Segelboot verbringen. Baden an der Anse de Grande Saline. People-watching an der Baie de St. Jean. Barfuß zum Lunch ins »La Gloriette« und gegrillten Catch of the Day bestellen. Nicht vor 22 h zur Party ins »Le Ti St. Barth«.

Anreise nach Saint-Barthélemy: 18 Flugstc mit 2 Stopps ab Frankfurt (KLM).

Info »Hotel Eden Rock«, 1950 als erstes Hote der Insel gebaut und heute die Nummer eins m 34 Suiten und Villen, 2 Restaurants, Strand, Poo Bulgari im Bad. www.edenrockhotel.com

Saint-Barthélemy
Imagine … 86

… sang einst John Lennon und erreichte die Herzen und Hirne der Welt. Sein Mischpult ist das Herzstück in der Villa Rockstar, direkt am Strand des »Hotel Eden Rock« auf der Karibikinsel St. Barth. Saint-Barthélemy, so der offizielle Name, ist übrigens französisches Übersee- und damit Hoheitsgebiet der Europäischen Union.

»Imagine« ist ein Klassiker der Popmusik. Die Vision von einer Gesellschaft frei von Religionen und Nationalismus, der Aufruf für Frieden und Freiheit, der nach dem 11. September von US-Radiostationen als bedenklich eingestuft wurde … Die Inhaber der Villa Rockstar auf der Karibik-very-in-Insel St. Barth hätten zwar gerne, dass »Imagine« in ihrem Etablissement aufgenommen worden wäre, doch das Haus stellt immerhin das identische Mischpult zur Verfügung, mit dem John Lennon »Imagine« produziert hat. Die Villa Rockstar gehört zum »Hotel Eden Rock« aus der deutschen »Oetker Collection« und ist eine jener Adressen, die zu St. Barth gehören wie die Insel-üblichen Preise, bei denen dem Normalbürger Hören und Sehen vergehen. Und die Luxusvilla setzt mit ihrem Studio noch eins obendrauf: Paul McCartney und Keith Richards haben dort gewohnt und (wegen des Mischpults) auch aufgenommen; Phil Collins, Elton John und Elvis Costello ebenso. Drei Meter hohe Mauern sorgen für absolute Privatsphäre. Das Badezimmer ist weitgehend in Weißgold verkleidet. Und St. Barths Anse de Grande Saline kam bei CNN immerhin auf Platz fünf der weltbesten 100 Strände. Nur sicher ankommen muss man: Die 640 Meter lange Landebahn des Flughafens endet direkt am Meer, wofür eine spezielle Pilotenlizenz erforderlich ist, da der Anflug aufgrund dessen, wegen der wechselnden Winde und der nahen Berge sehr anspruchsvoll ist …

In Zahlen

Villa Rockstar: 1486 qm • 28 000 € pro Nacht, inkl. Limousinen-Transfers, 24-h-Butler-Service • 4 Suiten, über eine Glastreppe erreichbar und nach John Lennon, Bob Dylan, Bob Marley und Freddie Mercury benannt • Extra im Restaurant »On the Rocks«: Caviar Osciètre Prestige, 50 g, 248 €.

87 St. Lucia, Pitons
Das Gesamtkunstwerk

Der schönste Busen wurde von der UNESCO zum Weltnaturerbe erklärt: Die beiden Pitons auf St. Lucia sind zugleich das Wahrzeichen der Insel. Die wie spitze Brüste aussehenden Berge sind fast 800 Meter hoch, ragen steil empor und sind tropisch grün bewachsen. Den besten Blick hat man vom exklusiven »Jade Mountain«.

»Das Wichtigste lernt man von der Natur!«, sagt Dunstan St. Omer, 87-jähriger Maler auf St. Lucia. Er ist karibikweit bekannt und zufällig am Geburtstag von Picasso geboren. Er trägt ein Leonardo-T-Shirt, liebt van Gogh und hat sich als Autodidakt die Technik von Monet zu eigen gemacht. Zu Ehren des Papstbesuchs 1985 malte er einen Jesus. Der war schwarz. »Ich bin Karibe«, betont er. »Und wir sind hier schwarz.« Seine Spezialität sind Wand- und Deckengemälde, »doch die Natur, die kann ich nicht übertreffen!«

St. Lucia macht es den Künstlern leicht: Die Insel ist ein Gesamtkunstwerk. Allein die beiden Pitons – der viel gerühmte, schönste Busen der Karibik, zwischen dem schon »Batman« umherfliegen durfte – interpretierte Dunstan in den unterschiedlichsten Varianten: dunkel und bedrohlich, hell und heiter, lila, klerikal, verklärt. Sie sind das beste Werk von Mutter Erde auf der nur 20 mal 60 Kilometer kleinen Insel, geschaffen, modelliert, gezeichnet, wie es nur die Natur kann.

Perfekt zu sehen vom Hotel »Anse Chastanet« und dem angegliederten Resort »Jade Mountain«, die Krönung der Luxushotellerie auf St. Lucia. 24 Refugien, bis zu 2000 Quadratmeter groß. Wohn-, Schlaf- und Baderäume gehen fließend in Terrasse mit Privatpool über, als schwebe man auf einer Wolke – mit Blick auf den schönsten Busen der Welt.

In Zahlen

Galaxy Sanctuary, 2000 qm, 21 500 € für 2 Pers. und 7 Nächte, inkl. 900 qm Privatpool • 2006 eröffnet • 240 Hektar • 29 Suiten, in denen 20 unterschiedliche Tropenhölzer verwendet wurden • 200 Mitarbeiter • Extra: Spa-Treatment für 2 Pers. mit Champagner, 2 Std., 450 €.

Den Pitons ganz nah: »Jade Mountain«

ust-do auf St. Lucia: Segeln vor den Pi-
s. Marigot Bay, wo »Dr. Doolittle« gedreht
rde. Der weltweit einzige Drive-in-Vulkan Sou-
re. Baron West Indian Hot Sauce kaufen, Lan-
ste mit Kochbananen essen.

ıreise 11 Flugstd. ab Frankfurt (Condor).

Info Essen, Getränke, Sport, Ausflüge sind inkl. In den Sanctuaries gibt es bewusst kein Tel., TV, Radio, Internet. Das totale Abschalten genossen schon Jeff Bridges, Harrison Ford, John Malkovitch, Jimmy Page, Robert Plant, die Pet Shop Boys. www.jademountain.com

In himmlischer Turks-n-Caicos-Ruhe:
Boot und »Speisesaal« im »Aman«

Must-do auf Turks & Caicos: Island Hopping per Flugzeug oder Segelboot, um alle Blautöne des Meeres zu sehen. Tauchen oder Schnorcheln, beides gleich spannend. Unterwasser-Glühwürmchen nach Vollmond sehen. Conchs oder krosse Rips bei »Tiki Hut« an der Turtle Cove Marina essen. Einen Drink an der »Infinity Bar« im »Grace Bay Club« nehmen, mit 27 m die läng Bar der Karibik.

Anreise nach Turks & Caicos: 17 Flugstd. 1 Stopp in Miami (Lufthansa, US Airways).

Info »Amanyara« mit Restaurant, Privatstr Pool, Spa, Wassersport. www.amanresorts.co

Turks & Caicos
Das Tintenfass

88

Sie gehört weder zur Karibik noch zum Standardprogramm der großen Reiseveranstalter. Die Inselgruppe Turks & Caicos liegt knapp 300 Kilometer von der Nordküste der Dominikanischen Republik entfernt und wird komplett vom Atlantik umspült. Ein Steuerparadies mit Tausenden von Briefkastenfirmen – und dem feinen »Amanyara«.

John Glenn ist bei seiner Rückkehr aus dem All 1962 vor Grand Turk wie in einem herrlichen Tintenfass gelandet, so tiefblau gab sich das Meer. Beim anschließenden Helikopterflug an die US-Base ging es über alle weiteren Schattierungen, die das Blau des Meeres vor den Inseln hergab. Dabei soll der Astronaut gesagt haben: »Die ganze Erde von oben ist schon klasse, aber die Turks & Caicos von oben sind auch nicht schlechter.«

Die US-Base im Norden von Grand Turk gibt's nicht mehr. Die einzige Radiostation des Landes ist dort eingezogen. Rio, Moderator, DJ und Techniker von »RTC – Radio Turks & Caicos« in Personalunion, fügt an: »Ich glaube, das war das letzte Mal, dass wir in den Nachrichten in allen Ländern der Welt erwähnt wurden …« Gerade mal rund 100 000 Touristen finden jährlich ihren Weg auf die Inselgruppe, davon 1500 aus Deutschland. Aber egal, woher sie kommen: Alle denken nur an 350 Kilometer Strand, 350 Tage Sonne im Jahr und 350 Prozent Entspannung: bei Bacardi-Feeling mit Stil. Manche Buchten sind fast unwirklich schön. Und man kann völlig allein sein – wenn man möchte. Die Turks & Caicos gehören zu den wenigen noch weitgehend unbekannten Klasse-Refugien dieser Welt, an deren Spitze das »Amanyara« am Northwest Point von Providenciales steht. Es liegt in einem Naturreservat, ist das einzige »Aman« im karibischen Raum und setzte dort mit seinem coolen Desgin Maßstäbe.

In Zahlen

Amanyara Villa, 1342 qm, direkt am 800-m-Strand, Privatpool aus schwarzem Vulkangestein, eigenes Gym, 54 600 € für 3 Nächte • inkl. 1 Koch, 2 Butler, 3 Elektrocarts, Tennis, Yoga • 2006 eröffnet, insgesamt 40 Villen • Hauptpool: 50 m • Extra: Flug nach Grand Turk, return, 120 €.

89 USA, New York
Money, Money, Money

Kaum eine andere Stadt hat die Welt so verändert wie New York. Internationaler Terrorismus und Weltwirtschaftskrise, die uns bis heute in Atem halten, nahmen hier ihren Anfang. Doch New York wäre nicht New York, würde es dieser Stadt nicht gelingen, sich immer wieder neu zu erfinden. Schon deshalb ist die Faszination für diese Stadt geblieben.

Jeder will New York einmal im Leben gesehen haben, schließlich existieren nur wenige Städte auf der Welt, die mit New York konkurrieren können. Und wenn schon alles möglich ist in dieser Stadt, dann auch ein paar Nächte in der teuersten und höchstgelegenen Suite. Wer im Ty Warner Penthouse von »Four Seasons« eincheckt, kann aus 244 Metern Höhe den fantastischen Ausblick über Manhattans Skyline inklusive Freiheitsstatue, Central Park und sämtliche Brücken genießen. Die Neun-Zimmer-Suite ist luxuriös ausgestattet, mit privatem Fahrstuhl ins 52. Stockwerk, eigenem Spa und Konzertflügel. Sie ist nach Entwürfen namhafter Architekten wie I. M. Pei und Peter Marino entstanden. Der Bau des rund 400 Quadratmeter großen Apartments hat 37 Millionen Euro gekostet und sieben Jahre gedauert. Dem Gast steht ein eigener Butler zur Verfügung, auch die Nutzung eines Rolls-Royce ist inbegriffen – selbstverständlich mit Chauffeur. Wohnt man schon im Kronjuwel der Stadt, sind andere Reichtümer nicht mehr weit. In New York lagert nämlich der größte Goldschatz der Welt. Der berühmte Tresor der Federal Reserve Bank befindet sich 26 Meter unter dem Meeresspiegel auf dem Felsen von Manhattan hinter meterdicken Tresortüren: 8000 Tonnen Goldbarren, mehr als in Fort Knox, Wert: ca. 172 Milliarden Euro. Allerdings gehört das Gold auch ausländischen Banken, die es hier lagern. Besichtigungen sind möglich, Goldsouvenirs mitnehmen nicht.

In Zahlen

Weltgrößter Goldschatz: Federal Reserve Bank, 8000 Tonnen Goldbarren, 172 Mrd. € • Beste Suite: »Four Seasons Ty Warner Penthouse«, 400 qm, 52. Stock, 35 064 € pro Nacht • Extras: Helirundflug über Manhattan, 1 Std., 333 € pro Person • Stretch-Limousinen-Tour mit Trattoria Teatro, Blue Note Jazz-Club, 375 €.

ust-do Gold-Depot der Federal Reserve
ık und Stock Exchange erkunden. Auf der
ssichtsplattform von Empire State Building
d Rockefeller Center stehen. Der Lady Liberty
die Krone steigen, Helirundflug über Manhat-
machen und auf den Central Park schauen,
MA, Guggenheim und Metropolitan Museum
of Art, in die Metropolitan Opera und die Gedenkstätte am Ground Zero besuchen.

Anreise Flug nach New York 9 Std. (Lufthansa).

Info »Four Seasons« New York, Nähe der Madison Avenue, 305 Zimmer und 63 Suiten, www.fourseasons.com/newyork

Nachts glitzert Vegas am schönsten. Ghost-Bar im »Palms Casino Resort«.

Must-do Bellagio: unter Picasso-Gemälden speisen und 1200 von Licht und Musik bewegte Wasserfontänen bestaunen. In der »Viva Las Vegas Chapel« Hochzeiten mit Elvis-Doubeln beiwohnen. Heliausflüge zu Grand Canyon, Hoover Dam, Death Valley und Red Rock Canyon.

Anreise Direktflug nach Las Vegas 12 Stc (Condor)

Info »Palms Casino Resort« mit »Two Story Villa«, Pool mit Blick auf den Strip, Pokertisch, Wasserfall, Spa, privater Glasfahrstuhl, drehba Bett, Terrasse, Butlerservice, www.palms.com

USA, Las Vegas
Die Entertainer

90

Die Frage »Wie werde ich Millionär?« stellt sich für Superreiche ohnehin nicht mehr. Höchstens diese: Wie lässt sich der ganze Zaster noch weiter vermehren – möglichst steuerfrei natürlich. Doch den Rang als Zockermetropole hat Las Vegas längst an Macao verloren, dafür gibt es in der Wüste von Nevada heißere Outfits und verrücktere Partys.

Die ganz wilden Zeiten, als Frank Sinatra, Sammy Davis Jr. und Dean Martin als legendäre »Rat Packs« in den 1960er-Jahren noch rauchend und saufend auf der Bühne des legendären »Sands« standen, sind allerdings auch in Las Vegas vorbei. Dafür wird heute die beste Show der selbsternannten Rattenmeute mit Songs wie »New York, New York«, »Mr. Bojangles«, »Cabaret«, und »My way« als Zeitreise in die große Zeit des amerikanischen Entertainments angeboten, wo selbst das Betrunkensein dann nur gespielt ist. Doch Las Vegas braucht die nicht casinobezogenen Aktivitäten, um die Stadt voranzubringen. Denn man verdient längst mehr Geld an Unterhaltungsshows als mit dem Glücksspiel. Vor allem seit in den letzten Jahren verstärkt versucht wurde, das Image der Stadt von der sündigen Metropole mit Casinos, Nacktbars und illegaler Prostitution in eine familienfreundliche Stadt des Entertainments umzupolen. Vorbei sind nun auch die wilden Zeiten, als Playboy-Gründer Hugh Hefner im 34. Stock der Fantasy Towers im »Palms Casino Resort« in seiner »Two Story Sky Villa« saß und vom beleuchteten Outdoor-Pool den besten Blick auf den neonglitzernden Las Vegas Strip hatte (s. Foto S. 144 f.). Das Logo des Playboy-Häschens ist zwar inzwischen aus dem Pool verschwunden, doch das runde Kingsize-Bett kann man noch wie eh und je zum Rotieren bringen: Kostenpunkt der Bespaßung: 33 000 Euro die Nacht.

In Zahlen

Las Vegas Strip: 7,2 km • Größtes Hotel der Welt: »Venetian Resort«, 7128 Zimmer • Teuerste Suite: Two Story Sky Villa, 2700 qm im »Palms Casino Resort«, 33 000 € pro Nacht • Extras: Hummer-Stretch-Limousine, 90 € pro Std. • Helirundflug zu Grand Canyon, Hoover Dam und nächtlicher Las Vegas Strip, 372 € pro Person.

91 USA, Beverly Hills
Ihr Auftritt, bitte!

In Zahlen

»The Peninsula Beverly Hills«, Suite 100, 150 qm, 5100 € pro Nacht, inkl. Chauffeur und Limousine, Spa-Treatments • Red Carpet Glamour, 3 Std., 2240 € für die Dame bzw. 1340 € für den Herren • Extra: jeder Fotoabzug 108 €.
www.peninsula.com

Die Oscar-Verleihung findet stets in Hollywood statt. Zu Hause sind die Stars aber rund fünf Kilometer weiter, in Beverly Hills, vermutlich die reichste Kleinstadt der Welt mit nicht mal 100 000 Einwohnern, umzingelt vom Moloch Los Angeles mit zehn Millionen Einwohnern, zu dem auch Hollywood gehört. Aber man kann in Beverly Hills auch nur Star spielen: beim Red Carpet Glamour im »Peninsula« mit Shooting, professionellem Styling und Posen à la Greta Garbo oder Clark Gable auf dem Roten Teppich, inklusive Verleih von Schmuck und einem atemberaubenden Abendkleid oder einem mondänen Smoking. Gewohnt wird natürlich standesgemäß in der Suite 100 im »Peninsula« mit extravagantem Lederinterieur, seidenbezogenen Sofas, Marmorbad und Schwarz-Weiß-Fotografien von Hollywood-Legenden an den Wänden.

Suite 100 im »Pen«: Im Kühlschrar
gibt's auch Diätdrink

USA, Colorado
Im Wilden Westen

92

Auf einem 2700 Meter hohen Plateau in den San Juan Mountains von Colorado stehen einsam ein paar versprengte Hütten. Während des Goldrausches Ende des 19. Jahrhunderts gehörten sie zu dem Minenstädtchen Dunton, das in den Rocky Mountains entstanden war. Doch kaum waren die Minen leer geschürft, verfiel die Siedlung zur Geisterstadt. Der deutsche Unternehmer Christoph Henkel hat aus »Dunton Hot Springs« inzwischen ein rustikales Luxusresort mit 12 Holzhütten, Saloon und Zelt gemacht. Im Sommer satteln die Gäste die Pferde, reiten zum Fischen oder besteigen einen Viertausender. Im Winter geht es zum Heliskiing oder auf Schneeschuhen durch die verschneite Landschaft. Abends wartet dann unter klarem Sternenhimmel ein Bad im 40 Grad warmen Naturbecken der »Dunton Hot Springs«. Wildwestromantik pur.

In Zahlen

Umbau zum Luxus-Resort 1994 • Exklusivmiete der ganzen Geisterstadt mit Saloon, Badehaus und 12 Holzhütten für max. 44 Gäste ab 15 500 € pro Nacht, www.duntonhotsprings.com • Extra: First-Class-Flug von und nach Denver, 13,5 Std. (Lufthansa), 11 126 €.

Als der Westen noch wild war: »Dunton Hot Springs«

Ozeanien

Sehnsuchtsplatz Südsee: Die Natur gibt dort stets ihr Bestes. Nur der Service lässt meist – abgesehen von Australien – zu wünschen übrig.

Vom Great Barrier Reef ins rote Zentrum zum Ayers Rock

Anreise First-Class-Flug nach Australien im Preis inklusive.

Info VeryFirstTo: Auf den Spuren der Royals in Australien: Sydney, Blue Mountains, Hamilton Island, Cape Tribulation/Daintree Rainforest, Lizard Island/Great Barrier Reef, Kakadu National Park, Arnhemland, Bungle Bungles im Purnululu National Park, Ayers Rock und Olgas, Coober Pedy, Barossa Valley, Adelaide, Kangaroo Islanc Melbourne und die Great Ocean Road, Freycin National Park/Tasmanien. Aufpreis für mitreisende Kinder. www.veryfirstto.com

Australien

Die Königstour

93

Wenn Prinz William mit Frau Kate und Sohn George auf Reisen geht, kümmert sich ein ganzer Hofstaat darum, dass alles perfekt läuft. Nun hat der britische Veranstalter »VeryFirstTo« eine einmonatige Luxusreise auf den Spuren des königlichen Paares durch Australien zusammengestellt, die selbst die Reisen der Royals alt aussehen lässt.

Australienreisende bewegen sich zumeist im klassischen Dreieck von »bridge, rock, reef«. Sie besuchen also Sydney mit Opernhaus und Hafenbrücke, den Ayers Rock und das Great Barrier Reef. Danach ist der Urlaub meist auch schon zu Ende, denn die Distanzen zu den Sightseeing-Höhepunkten Australiens sind nicht zu unterschätzen. Da ist es absoluter Luxus, wenn man sich auf Reisen um nichts kümmern muss und es gleich direkt zum Great Barrier Reef auf die Privatjacht geht, von wo aus man mit dem Wasserflugzeug die Gegend erkundet. Auch klar, dass man nur in den besten Hotels wohnt wie im »Park Hyatt« Sydney, auf Lizard Island, im »Wolgan Valley« in den Blue Mountains, im »Longitude 131« beim Ayers Rock, im »The Louise« im Barossa Valley, in der »Southern Ocean Lodge« auf Kangaroo Island und im »Saffire Freycinet« an der Küste Tasmaniens. Und weil man ja einen Monat Zeit hat, wartet jeden Tag ein anderes Abenteuer, das mit Privatflugzeug angeflogen wird. Auf individuellen Exkursionen kann man den ältesten Regenwald der Welt, das rote Herz des Outbacks und das heilige Land der Aborigines im Crocodile Dundee's Kakadu National Park entdecken oder stattet dem Opernhaus von Sydney einen Besuch hinter den Kulissen ab. Das ist mehr als königlich. Das Beste daran: Im Gegensatz zu den Royals muss man keine Regierungsgebäude eröffnen und auch keiner langen Reihe von Würdenträgern die Hände schütteln.

In Zahlen

VeryFirstTo: einmonatige »Full-Length Royal Australian Tour«, 411 900 € für zwei Personen • Inkl. Extras: Wer wie die Royals mit kleinem Prinz oder Prinzessin reist, erhält: Tiffany-Silbertasse (Wert: 486 €), Prada Babytasche (Wert: 986 €), Schnuller, Weißgold mit 3-karätigen Diamanten (Wert: 12 870 €).

94 Australien, Ayers Rock
Der heilige Berg

In Zahlen

»Longitude 131«: Luxusbungalow, 40 qm, mit Blick auf Ayers Rock, 1650 € für 2 Nächte (mind.), inkl. Ausflüge, Speisen, Getränke, Open Bar • 2 km zum Ayers Rock • Extra: Helikopterrundflug für 2 Pers.: 1150 € für 2 Std.
www.longitude131.com.au

Seit Urzeiten ragt er im Zentrum des Fünften Kontinents aus einer baumlosen Ebene hervor: der Ayers Rock, der bekannteste Monolith, Weltkultur- wie Weltnaturerbe. Sein Farbenspektrum im auf- oder untergehenden Sonnenlicht ist phänomenal, und Felszeichnungen zeugen von einer 40 000 Jahre dauernden Besiedlung. Leider wollen die meisten Touristen den Ayers Rock besteigen. Das aber beleidigt die Aborigines, denn für sie ist der Berg heilig. Deshalb besser einen Button kaufen: »I didn't climb!« Und im einzigen Luxusresort weit und breit einchecken: Der Blick von den nur 15 exklusiven Bungalows des Fünf-Sterne-Camps »Longitude 131« gehört in die Rubrik »unbezahlbar«, ebenso wie das Dinner im »Table 131«, wo unter dem sternenübersäten Wüstenhimmel erstklassige Speisen und Weine serviert werden.

Große Momente: Blick vom »Longitude«-Camp auf den Ayers Rock

Australien, Fraser
Auf Sand gebaut

95

Fraser Island am südlichen Ende des Great Barrier Reef ist die größte Sandinsel der Welt. Großer Luxus heißt dort nicht Prunk und Protz, sondern Freiheit und Fliegen – und zum Höhepunkt auf einem Sandstrand landen …

Fraser Island hat mehr Sand als die Sahara und ist Weltnaturerbe. Trotzdem darf man etwas, was normalerweise weltweit verboten ist: Auf dem 100 Kilometer langen Eastern Beach mit einem Flugzeug landen oder mit einem Jeep bis Tempo 80 herumbrausen. Das ist die erlaubte Höchstgeschwindigkeit. Nur Baden ist verboten: der zahlreichen Haie wegen. Für Absperrungen bei Starts oder Landungen sorgt niemand. »Die Jeep-Fahrer sehen und hören das Flugzeug doch. Der Pilot muss auch schauen. Und Platz ist für beide«, sagt Ranger Scott. So einfach ist das »down under« auf Fraser Island.

In Zahlen

Flugzeugcharter: 500 € für 1 Tag, inkl. Lunch. www.airfraser-island.com.au • Die Insel ist 123 km lang, 22 km breit, max. 244 m hoch • 72 Sandfarben • 40 Süßwasserseen, einige zum Baden • 20 Resorts • Das beste: »Kingfisher Bay Resort«, Villa ab 200 €.

Soeben gelandet: Propellerflugzeug am Eastern Beach von Fraser Island

Noch unverbaut: die Lagune von Aitutaki und das »Pacific Resort«

Must-do Lagoon Cruise mit Islandhopping, Ukulele spielen lernen, Feuertanzshow ansehen, den Maungapu besteigen und die Lagune überblicken. Einsiedlerkrebs-Wettrennen am Strand.

Anreise Flug nach Aitutaki ca. 26 Std. (Air New Zealand, Air Rarotonga). Air New Zealand stellte die Coral Route (Auckland–Tahiti und zu rück über Fiji, Samoa und Cook Islands) mit Lir enmaschinen 2006 nach mehr als 50 Jahren ei

Info »Pacific Resort Aitutaki«, 27 Bungalows und Villen, buchbar über »Small Luxury Hotels www.slh.com/de

Cook Islands, Aitutaki

Der fliegende Salon

96

Die legendäre Coral Route hatte einst ihren Tankstopp in der Lagune von Aitutaki. Insel-Queen Manarangi erinnert sich, wie die luxuriösen Wasserflugzeuge in den 1950er-Jahren zum ersten Mal die Inseln der Südsee auf dem Luftweg verbanden und Einheimische für ein Picknick mit Hula-Shows und ein Bad in der blauen Lagune sorgten.

Beinahe unwirklich leuchtet auch heute noch die Lagune in strahlenden Blau- und Türkistönen, und das selbst an Regentagen. Noch in den 1950er-Jahren, als die Fluggesellschaft Tasman Empire Airways Limited (TEAL) zum ersten Mal die Inseln der Südsee auf dem Luftweg verband, mussten Lagunen die nicht vorhandene Landepiste ersetzen. Queen Manarangi durfte als Kind ihren Vater begleiten, wenn zweimal die Woche vor Akaiami, einem kleinen Motu des Aitutaki-Atolls, ein Wasserflugzeug landete. Es war eine Zeit, in der Fliegen Luxus war – eine Luftkreuzfahrt im fliegenden Salon. Mahlzeiten wurden mit einem kleinen Speiseaufzug ins Oberdeck geschafft, Waschraum und Toilette waren selbstverständlich. Solcher Luxus hatte auch damals seinen Preis. Für ein Ticket von Auckland nach Tahiti war man die Hälfte eines durchschnittlichen Jahreseinkommens los. Die Queen erinnert sich noch an Gäste wie die britische Königin Elizabeth II., Marlon Brando oder den dicken König von Tonga, für den man Flugzeugsitze ausbauen musste, damit er Platz hatte. Für große Hotels, sagt sie, gäbe es bis heute nicht genügend Grundwasser auf Aitutaki. Land dürften ohnehin nur Einheimische kaufen und niemand über Palmenhöhe hinaus bauen. Vermutlich ist das einer der Gründe, warum sich die Insel ihren ursprünglichen Charme bewahren konnte und nicht schon längst flächendeckend mit Überwasserbungalows zugepflastert ist.

In Zahlen

Höchster Berg: Maungapu, 124 m • »Pacific Resort Aitutaki«, beste Villa »Ultimate Beachfront«, 125 qm, 1295 € pro Nacht • Extra: Bootsausflug in die kristallklare, leuchtend blaue Lagune mit Insel-Hopping zu Akaiami, One Foot und Honeymoon Island. Schwimmen, Schnorcheln, BBQ, 140 € für 2 Personen.

97 Französisch-Polynesien
Am Ziel der Träume

Von Paul Gauguin zur »MS Paul Gauguin« sind es nur wenige Meter. Das nach dem französischen Maler benannte Kreuzfahrtschiff liegt im Hafen von Papeete direkt vis-à-vis der ebenfalls nach ihm benannten Straße. Der weiße Ozeanliner macht sich auf eine Reise, die Gauguin mehr als ein Jahrhundert zuvor auf die Marquesas angetreten hatte.

15 Tage wird sie dauern, die Fahrt zu neun Inseln Französisch Polynesiens, zu denen auch Hiva Oa gehört, auf der Paul Gauguin seine letzten Lebensjahre verbrachte. Abweisend und schroff liegen die Marquesas etwa 1500 Kilometer nordöstlich von Tahiti entfernt im Meer, als sich die Kreuzfahrer den abgelegenen Vulkaninseln nähern. Schäumend bäumt sich die Brandung am schwarzen Strand auf. Die Küsten geben sich felsig und teilweise unzugänglich, von weißen Sandstränden keine Spur. Bizarre, mehr als 1200 Meter hohe Zackenberge thronen als Überreste von Kraterwänden auf den Eilanden. Zur Inselgruppe der Marquesas zählt auch Hiva Oa, wo Gauguin oberhalb von Atuona begraben liegt unter alten Tiarebäumen, die mit ihrem betörenden Duft die Luft erfüllen und mit ihren weißen Blüten das Grab bedecken. Sein Wohnhaus ist ein Nachbau und auch im Museum sind keine Originale zu bewundern. Zu kostspielig wären nötige Sicherheitsvorkehrungen und zu feucht ist das Tropenklima. So feiert die Kopie Triumphe in Form von Postkarten und Souvenirs, welche die Gäste zur Erinnerung mit nach Hause nehmen, denn ewig lockt der Traum vom Paradies. Gauguins Wunsch, nach Frankreich zurückzukehren, sollte sich nicht mehr erfüllen. Sein letztes Bild, das er auf Hiva Oa gemalt hat, war ausgerechnet eine bretonische Winterlandschaft. Sein Traum vom Südseeparadies war dem Traum von Schnee und alter Heimat gewichen.

In Zahlen

Passagiere: max. 332 • 2 Restaurants, 2 Bars, Pool, SPA, Bibliothek, Kasino, Theater • 15 Tage »MS Paul-Gauguin«-Inselkreuzfahrt, Grand Suite, 31 qm, Veranda 18 qm, ohne Exkursionen, ohne Flüge, 15 242 € pro Person • Extra: Business-Class-Flug nach Tahiti 7914 € (Air New Zealand).

Ganz auf den Maler eingestellt:
Kreuzfahrtschiff »Paul Gauguin«

Must-do Hiva Oa: die Gräber Paul Gauguins nd Jacques Brels besuchen. Tikis, Ahnen- oder ötterfiguren aus Stein, ansehen. Bora Bora: mit aien schnorcheln. Souvenir: Tahitiperle.

Anreise Flug nach Tahiti ca. 20 Std. (Air New ealand, Air France)

Info Kreuzfahrt »MS Paul Gauguin«: Tahiti, Fakarava, Fatu Hiva, Hiva Oa, Tahuata, Nuku Hiva, Huahine, Bora Bora, Taha'a, Moorea. Das Schiff wurde eigens für besonders flache Lagunengewässer gebaut. Buchbar über Tischler Reisen. www.tischler-reisen.de

»Four Seasons Resort« von Bora Bora. So kostbar wie schwarze Tahiti-Perlen

Must-do auf Bora Bora: Frühstück mit Kanu und Ukulele-Klängen liefern lassen (176 €). Helikopterflug über das Atoll und Perlenfarmbesuch (Tagesausflug 4022 €). Mit dem Schnellboot zu Haien und Rochen zum Schnorcheln und Privatdinner auf einem Motu (Tagesausflug 1216 €).

Anreise Flug mit 3 Stopps ab Frankfurt 28 Std. (Air New Zealand, Air Tahiti Nui).

Info »Four Seasons Resort Bora Bora«, 107 Villen, 100 davon über Wasser, 15 mit Privatpool, traditionelle Holzmöbel, eigener Strand, 4 Restaurants, Spa. www.fourseasons.com/borabora

FP, Bora Bora
Der perfekte Tag

98

Üppige Tropenlandschaften, türkis leuchtende Lagunen und anmutige Polynesierinnen. Mit paradiesisch wirkenden Gemälden hat Paul Gauguin der Südsee ein Gesicht gegeben, das so prägend wurde, dass kaum jemand die Südsee noch mit anderen Augen sehen kann. Bora Bora ist deshalb längst auch eine der teuersten Inseln weltweit.

Schatz, was willst du mehr? Geweckt von Ukulele-Klängen und polynesischen Gesängen nähert sich in türkis strahlender Lagune leise ein Auslegerkanu. Der Weckdienst des »Four Seasons Resort Bora Bora« rudert einem gerade das Frühstück zum Overwater-Bungalow. Nach der ersten Stärkung geht es im Privathelikopter über das Atoll, um die Relikte des einstigen Vulkans mit seinen vielen Motus aus der Vogelperspektive zu betrachten. Zentral ragt die Felsennadel Otemanu heraus, an der manchmal einige Wolken wie aufgespießt verharren. Bei der anschließenden Zwischenlandung auf einer Perlenfarm kann man zusehen, wie die kostbaren schwarzen Tahiti-Perlen gezüchtet werden. Schon klar, dass da keiner widerstehen kann und mindestens eine der schimmernden Kostbarkeiten erworben werden muss. Der resorteigene Juwelier kümmert sich anschließend ums Fassen des Liebligsstücks. Bis es fertig ist, geht es im Speedboot in die Lagune zum Schnorcheln, Haie und Rochen füttern. Weil man danach selber hungrig ist, gibt es einen Picknick-Stopp auf einer kleinen Sandbank mit ein paar Palmen, die für Schatten sorgen. Danach heißt es entspannen im Kokosnussmilchbad auf der Spa-Insel des Resorts, bevor es zum romantischen Privatdinner zu Hummer und Rosé-Champagner auf ein Motu geht. Der Traum vom Paradies ist zum Greifen nahe. Was also will der Schatz noch mehr? Ein üppiger gefülltes Bankkonto vielleicht.

In Zahlen

Overwater-Bungalow oder 500 qm große Beachfront-Luxusvilla mit Privatpool, Butler und Lagunenblick ab 8380 € pro Nacht • Höchste Inselerhebung: Mont Otemanu, 727 m • Landfläche: 38 qkm • Extra: Perlen beim Perlenfarmbesuch kaufen. Schätzwert der bislang teuersten Perle der Welt: 2,1 Mio. €.

99 FP, Tetiaroa
Brandos große Liebe

Tetiaroa war einst Rückzugsort tahitianischer Könige. Auf dem 42 Kilometer von Tahiti entfernt gelegenen Atoll konnten sie völlig ungestört sein. Bei Dreharbeiten zum Film »Meuterei auf der Bounty« hatte sich Marlon Brando nicht nur in seine Filmpartnerin, sondern auch in die Insel Tetiaroa verliebt, die für ihn der Inbegriff der Südsee war.

»Mein Geist ist immer besänftigt, wenn ich mir vorstelle, wie ich nachts auf meiner Südseeinsel sitze. Wenn ich mir etwas wünschen darf, dann wird Tetiaroa für immer ein Ort bleiben, der die Tahitianer daran erinnert, wer sie sind, und wer sie schon vor Jahrhunderten waren«, sagte Marlon Brando. Als er 1965 die Insel für 99 Jahre pachtete, entstand mit der Zeit die Idee, auf dem Atoll auch ein kleines, nachhaltiges Resort einzurichten. Doch erst zehn Jahre nach seinem Tod gelang es seiner Familie zusammen mit einem befreundeten Hotelbesitzer, Brandos Traum in die Realität umzusetzen und ein Öko-Luxus-Resort unter seinem Namen zu eröffnen: »The Brando«. Das Atoll von Tetiaroa mit seinen insgesamt 13 kleinen Inseln, die sich um eine türkis leuchtende Lagune mit glasklarem Wasser und weißen Sandstränden gruppieren, ist von einem Korallenriff umgeben, das mit seiner Unterwasserwelt jeden Taucher begeistert. Die 37 exklusiven Villen sind in polynesischer Bauweise überwiegend aus natürlichen Materialien gestaltet. Zum Schutz des Ökosystems wurde aber bewusst auf in die Lagune gebaute Pfahlbauten verzichtet. Um komplett CO_2-neutral zu sein, wird der Strom mit Solarzellen und Kokosöl gewonnen, und für die Kühlung der Räume sorgt eine Meerwasser-Klimaanlage, die kaltes Wasser aus 920 Metern Tiefe nutzt. Für den Luxus auf ökologischer Basis sollen insgesamt rund 50 Millionen Euro investiert worden sein.

In Zahlen

Gesamtlandfläche Tetiaroa: 6 qkm • Investitionsvolumen: geschätzte 50 Mio. € • »The Brando«, 35 Luxusvillen, max. 70 Gäste, teuerste Villa (max. 6 Personen): 37 780 € für 3 Nächte • Komplettinselmiete: 1 117 200 € für eine Woche • Extra: Anreise und Rundflüge im Privatjet: 600 € pro Person.

Badezimmer mit Aussicht auf Marlon Brandos Lieblingsinsel Tetiaroa

lust-do Inselerkundung mit einem Natur-
issenschaftler. In der Bibliothek über polynesi-
:he Kultur und Geschichte schmökern. Mit
nem der traditionellen Auslegerkanus eine der
nberührten Inseln des Atolls ansteuert. Am Riff
e bunten Farben der Fische zählen.

Anreise Flug nach Tahiti ca. 20 Std. (Air New Zealand, Air France), von dort mit Privatjet (max. 8 Personen) in 20 Min. nach Tetiaroa.

Info »The Brando«, 35 Luxusvillen, alle komplett CO_2-neutral, buchbar über Vladi Private Islands. www.vladi-private-islands.de

Was kommt noch?

Wahrscheinlich geht es irgendwann in die Sphären und sicherlich in die Tiefen der See wie in dieses skizzierte Unterwasserhotel vor Dubai.

Schöne neue Welt: »Spaceship« und Gesichtserkennung

Anreise per Trägerflugzeug auf 16 km Höhe. Dann wird das »Spaceship« mit Mach 3 auf 110 km Höhe katapultiert. Dort 4 bis 5 Min. langer, schwereloser, suborbitaler Flug, Bullaugen mit 40 cm Größe ermöglichen die Aussicht. Flugzeit zum Vergleich: Apollo 11 landete am 20. Juli 1969 nach rund 385 000 km und 102 Std. 45 M auf dem Mond. Preis für einen Aufenthalt im möglichen »Lunar Hotel« min. 500 000 €.

Info Noch steht kein Termin fest. Verkauf de Virgin-Galactic-Reisen in Deutschland nur dur www.designreisen.de

Weltraumpauschalreise 100
Unten und oben

Vollautomatisiert, aber noch geerdet, ist die naheliegendste Variante des Urlaubs in der Zukunft. Ferien in Hotels unter Wasser zu verbringen geht schon ganz schön tief. Aber in ein Spaceshuttle steigen und die Welt aus 110 Kilometern Höhe sehen, scheint der Gipfel der Vorstellungskraft zu sein. Buchungen dazu gibt es bereits …

»Bis 2024 wird es keinen menschlichen Angestellten in einem Flughafen mehr geben«, behauptet die Skyscanner-Studie »The Future of Travel 2024«, eine der vielen Reisestudien über die Zukunft des Reisens. Das erschreckt, erscheint aber auch logisch in einer Zeit, in der der Horizont des Reisens scheinbar unendlich wird. Menschen denken darüber nach, unter dem Meeresspiegel Urlaub zu machen: »Hydropolis« soll ein Hotel mit 200 Zimmern sowie 75 000 Quadratmetern heißen und irgendwann vor Dubai gebaut werden (siehe Foto auf Seite 186 f.).

Es gibt jedoch auch 7000 Menschen, die sich für einen Flug ins All angemeldet haben oder sogar den Mond umrunden wollen, obwohl es noch nicht einmal einen Termin gibt. 500 Tickets sollen seit Jahren verkauft sein. Schwerelosigkeit an Bord eines Raumschiffs erfahren und den Ausblick auf die Erde erleben, 110 Kilometer weit droben, irgendwo im All: Das scheint zu faszinieren. Der Preis dafür steht schon fest: 200 000 Euro. Virgin Galactic ist der Anbieter. Und die Startfreigabe hat Richard Bransons Raumfahrtunternehmen von der US-Luftfahrtbehörde bereits erhalten. Branson und zwei seiner Kinder sollen die ersten Passagiere an Bord des »Spaceship« sein.

Aber es gibt schon Leute, die darauf hoffen, eines schönen Tages auf den Mars zu fliegen. Flugzeit nach heutigem Stand: 500 Tage – one way …

In Zahlen

1964: Pan American plant Weltraumflüge • 1966: »Hilton« denkt an ein »Lunar Hotel« auf dem Mond • 2001: Dennis Tito ist der 1. Weltraumtourist • 2004: 1. privates Raumfahrzeug gebaut • 2009: 1. touristisches »Spaceship« gebaut. • 201?: Weltraumreise 110 km über der Erde, 200 000 € für 2,5 Std. Flugdauer.

Namensregister

Impressum

Verantwortlich: Joachim Hellmuth
Projektmanagement und Lektorat: Birgit Günther
Korrektorat: Anke Hoehne
Layoutentwurf und Satz: grafitecture book & edition
Umschlagentwurf: Thomas Uhlig
Kartografie: Astrid Fischer-Leitl
Repro: Repro Ludwig
Herstellung: Bettina Schippel
Printed in Italy by Printer Trento

Bildnachweis: Aman Resorts S. 53 (o.), 81, 92 (o.), 164 (u.); Amanjiwo S. 95 (u.) (Dominique Silberstein); Amanyara Umschlag v.m. (Richard Se); Ananda in the Himalayas S. 91; Anantara S. 119 (o.); Anassa S. 75; Arabella Golf Estate S. 141 (o.); Aurelio S. 58; Badrutt's Palace S. 65; Baillie Lodges S. 176; Banyan Tree S. 84 (o. und u.), 87; Bel Noronha S. 151 (o.); Bella Coola Heli Sports S. 159 (Eric Berger); Belmond S. 61, 151 (u.); Calivigny Island S. 156 (o. und u.); CaSagredo S. 34/35; Chalet N S. 59; Cobblers Cove S. 148; Conrad Maldives S. 100 (u.); Umschlag h.m. Corinthia S. 42 (o.); DAV Summit Club S. 103 (o. und u.); Diamir Erlebnisreisen/Rolf Stange S. 32 (o. und u.); DTCM S. 186/187; Dunton Hot Springs S. 171; E.I.T.S. S. 37 (o. und u.); Eurong Beach Resort S. 177; Fairmont-Baku S. 79 (o.); Forte Village S. 49; Four Seasons: S. 11 (o.), 70 (o. und u.), 134, 172/173, 182 (o. und u.); Four Seasons New York S. 167; Jörg Gabriel S. 142 (o. und u.); Golden Savoy S. 74; Great Plains Zarafa Camp S. 129 (o.); Hapag Lloyd Kreuzfahrten S. 6/7, 12 (o. und u.), 31, 62 (o. und u.); Holidays Please S. 24 (o. und u.); Hotel President Wilson S. 66 (o. und u.); Umschlag h.l. ICS Travel Group S. 99 (o.); Iniala Beach House S. 115; Jade Mountain S. 163 (o. und u.); Jumeirah Port Soller S. 68; Jumeirah S. 120; Kempinski S. 38 (o. und u.), 73 (o. und u.), 86 (o.), 116 (o.), 125 (o. und u.), 137 (u.); Kempinski Baltschug S. 64; Kempinski Primate Safaris S. 137 (o.); Margit Kohl S. 53 (u.), 79 (u.), 88 (o.), 95 (o.), 107 (o. und u.), 119 (u.), 126 (u.), 147 (u.), 178 (o.); Kupu Kupu Barong Umschlag v.l. Las Vegas News Bureau S. 168 (o.); Lernidee Erlebnisreisen S. 135; Look S. 8 (age fotostock); Mandarin Oriental S. 42 (u.); Marina Bay Sands S. 111 (o.); Jochen Müssig S. 11 (u.), 15, 16 (u.), 20 (u.), 26, 41 (u.), 46 (u.), 57 (o.), 92 (u.), 116 (u.), 141 (u.), 152, 164 (o.), 181 (o. und u.); Nomads Of The Sea S. 155 (o. und u.); Oetker Collection S. 41 (o.), 46 (o.), 133 (o.), 160 (o. und u.) Palms Casino Resort S. 168 (u.); Peninsula S. 76/77, 83 (o. und u.), 96, 112, 170; picture alliance S. 19, 28 (u.) (Robert Hardin), 57 (u.) (abaca), 80, Umschlag h.r. (Frederic Le Floc'h), 90 (o.) (Dinodia), 144/145 (Scott Frances); PR-Archiv cpm S. 48; Qatar Airways S. 108 (o. und u.); Raffles S. 45, 111 (u.); Relais & Châteaux S. 97 (Kazujoshi Miyoshi); Selman S. 133 (u.); Six Senses S. 104 (o. und u.), 115 (o.); Skyscanner S. 188 (u.); Small Luxury Hotels Of The World S. 88 (u.), 178 (u.); Song Saa Private Island S. 99 (u.); Srirangainfo S. 90 (u.); The Brando S. 185 (o.) (TMK – TFS), 185 (u.) (Tim Mc Kenna); Thomas Tischler S. 28 (o.); Tourism Australia S. 174 (o.); Tropic Air Kenya S. 122/123, 126 (o.), 130 (o. und u.); Very First To.Com S. 16 (o.), 20(o.) (Beto Garavello/LUME), 23 (o.) (Daniele Cruciani), 23 (u.) (Martin Morrell), 27, 174 (u.); Villa Feltrinelli S. 54 (o.) (Marino Colato), 54 (u.) (Ottavio Tomasi); Virgin Galagtic S. 188 (o.); Virgin Limited Edition Umschlag v.r., S. 153; Vladi Private Islands S. 69, 100 (o.), 138 (o. und u.), 147 (o.), 149; Vumbara Plains Camp S. 129 (u.); Westin Excelsior Rom S. 50 (o. und u.).

Die Deutsche Nationalbibliothek verzeichnet diese Publikation in der Deutschen Nationalbibliografie; detaillierte bibliografische Daten sind im Internet über http://dnb.d-nb.de abrufbar.

ISBN 978-3-7654-8782-8

Der pure Luxus: in der Luft, zu Wasser und auf dem Land

Die 10 teuersten Reisen:

★ Mondumkreisung, 12 333 333 € (S. 8)
★ Flug in 110 km Höhe über der Erde, 1 920 000 € (S. 188)
★ Jachtcharter »Eclipse«, 200 000 € (S. 56)
★ Inselmiete »The Brando«, Tetiaroa, 159 600 € (S. 183)
★ Weltumrundung im Privatjet, 147 208 € (S. 10)
★ Formel-1-Strecke Bahrain, 92 000 € (S. 80)
★ »Chalet N«, Oberlech, 70 000 € (S. 59)
★ Dinner in the Sky, 64 000 € (S. 35)
★ »Hôtel Président Wilson«, Genf, Royal Penthouse Suite, 61 000 € (S. 66)
★ Inselmiete Over Yonder Cay, Bahamas, 52 863 € (S. 146)

(* Preise verstehen sich pro Person umgerechnet auf jeweils 24 Stunden)

1 Minute Luxus kostet

10 Beispiele* …

★ Bei einer Mondumkreisung: 8565 € (S. 8)
★ Auf der Abramowitsch-Jacht »Eclipse«: 139 € (S. 56)
★ Auf der Privatinsel »The Brando«, Tetiaroa: 111 € (S. 183)
★ Im Privatjet: 102 € (S. 10)
★ Bei einer privaten Formel-1-Fahrt in Bahrain: 64 € (S. 80)
★ Im »Chalet N«, Oberlech: 49 € (S. 59)
★ Bei der Stadtbesichtigung von Hongkong aus der Luft, zu Wasser und auf dem Land: 21 € (S. 82)
★ Beim Golfen in Südafrika: 6,08 € (S. 140)
★ Im »Orient-Express«: 1,91 € (S. 60)
★ Auf dem Mount Everest: 0,45 € (S. 103)

(* Preise verstehen sich jeweils pro Person)